NO
SMOKING

당신을 위한 금연의 이유

사랑하는 사람이 담배를 끊지 못할 때

글 · 사진 나경준
그림 김주석

당신을 위한 금연의 이유

담배와 함께 잃어버린 행복

글 · 사진 **나경준**

그림 **김주석**

도서출판 디자인21

머리말

담배 피우는 양을 줄여가면서 담배를 끊겠다는 것은 담배를 끊지 않겠다는 의지의 표현과 다를 바 없다.

일시에 60mg의 니코틴을 혈관에 투입하면 사람이 죽는다.

보통 흡연하는 사람이 한 모금의 담배 연기를 마시면 0.1~0.2mg 양의 니코틴을 체내로 흡수하게 된다.

따라서 담배 한 개비를 열 모금에 피운다고 하면, 한 개비의 흡연으로 최소 1mg의 니코틴이 폐에 축적된다.

폐에 쌓인 니코틴이 일시에 혈액으로 이동된다고 가정할 때, 담배 세 갑에 해당하는 60개비의 담배를 연속해서 피운다면, 폐에 쌓이는 니코틴의 양만으로도 사람이 죽을 수 있다.

60개비를 피워 사람을 죽일 수 있다면, 담배는 실로 엄청난 독약이다.

60개비가 아닌 600개비나 6,000개비, 아니 한 발 더 양보하여 60,000개비를 피웠을 때, 사람을 죽이는 독이라도 니코틴은 바로 독약 그 자체다.

- 반면, 이런 사람들은 담배를 쭉 피워도 된다.
- 담배를 안 피우면 5분 이내에 죽을 사람.
- 천수를 안 누리고 뇌졸중을 경험하고 싶은 사람.
- 흡연으로 입원해도 매달 천만 원씩 통장에 꼬박 들어오는 사람.

- 해외여행 시 흡연자가 겪는 많은 불편을 즐기고 싶은 사람.
- 흡연폐해의 영향을 받은 2세에게 평생 뒷바라지 하고 싶은 사람.
- 젊은 시절에 아파트 한 채를 담뱃값으로 날리기로 맹세한 사람.
- 니코틴 타르로 까맣게 오염된 폐를 의과대학에 기증하고 싶은 사람.
- 젊은 나이에 땀구멍 숭숭 뚫린 나이 든 피부를 가지고 싶은 사람.

20년을 넘겨 피워왔던 담배를 끊었다. 담배를 끊고 내 몸속이 건강해진 걸 느낀다. 진작 끊었어야 했는데, 그렇게 생각하고 주변 담배 피우는 사람을 위해 그들이 담배를 끊을 수 있도록 내가 겪은 일들을 편히 글로 알리고 싶었다.

담배 피우는 택시 기사분들께 진심으로 같은 얘기를 하였었고, 그 자리에서 담배를 끊겠다고 다짐하던 몇몇 사람들을 보면서 자신감을 가졌다. 담담하게 금연의 필요성을 알려서 내가 쓴 글을 읽고 단 한 명이라도 담배를 끊게 된다면 내 할 일은 다 한 게지~~

2005년부터 지금까지 20년을 넘기며 글을 써오다 보니 글 내용 중 어느 부분은 시점이 맞지 않는다. 하지만 이를 일부러 고치지 않았다. 있는 사실과 내 마음을 알리고 싶었을 뿐, 시점을 바로잡을 필요성을 느끼지 않아서다. 지금 메르스가 너무 무섭다. 어느 한때는 에이즈가 무서웠다. 한때는 신종플루, 사스가 무서웠다. 정말 무서운 건 담배인데, 흡연자는 담배를 친구로 생각한다. 병을 주는 친구는 친구가 아닌데~~

차례

해부解剖 / 90

효능效能 / 122

마침 / 150

아픔

NO
SMOKING

담배 없이 못 사는 그대

한때는 그리도 담배 예찬론자였던 사람이 자신이 담배를 끊었다고 해서 어떻게 하루아침에 흡연자를 혐오하며 나무라는 자세로 돌아섰는지 궁금해하는 주변 사람들이 많다.

나는 그들에게 이렇게 말해주고 싶다. 내가 담배를 피웠던 것은 옛날이었다고. 내가 피웠던 담배로 인해 죽을 고비를 넘겼다고. 단순한 고비가 아닌, 참지 못할 만큼 많이 아팠다고. 그 아픔의 정도는 가슴을 칼로 찢고 도려내는 것 같았고, 그렇게 견뎌온 시간이 너무 길었음에도 아직 끝나지 않아 이 글을 쓰는 순간에도 한쪽 가슴은 가끔 아픔을 느낀다고.

지금 담배를 피우는 사람들의 현재는 미래에 담배 때문에 나 같은 아픔을 겪게 될 사람들의 후회스러운 과거임이 틀림없으며, 담배를 끊지 못한 사람들이 겪을 아픔의 길이는 참으로 길 것이다.

아름다운 일에 대한 과거는 추억이나 생각으로 남을 수 있지만, 현재 아픔을 겪고 있는 자의 담배로 인한 기억은 결코 아름답지 못하리라.

과거에 담배를 피웠다는 사실 하나만으로 현재의 내가 인생에 짊어져야 할 고통이 너무 크고, 그 고통을 견디기가 죽기보다도 더 힘들다는 것을 흡연자들은 인지하지 못하니 이를 알려줘야 하는데…. 누군가 그런 사실을 진심으로 설명하고 이해시켜 줘야 하는데….

흡연에 대한 경고와 금연의 외침이 어째서 그들에게는 들리지 않을까? 예기치 않게 발생한 교통사고로 개인의 생을 마감하거나, 불의의 교통사고로 인해 가족들의 발자취가 통째로 사라지는 경우를 본다.

담배를 피우는 효과는 느리게 발생하는 치명적인 교통사고 바로 그것이다. 천천히 느린 동작으로 우리에게 다가오지만, 그 결과는 너무도 같으니까.

요즘 운전하다 보면 운전 중에 담배를 피우는 사람들을 많이 목격한다. 나도 한때는 저렇게 담배를 자주 피웠다는 사실에 새삼스레 놀라면서도, 밀폐된 차 안에서 자신이 뿜어낸 독가스에 파묻혀 지나가는 사람들이 어쩜 그렇게 불쌍해 보이는지 측은한 마음이 들곤 한다.

지금은 웃으면서 입에 담배를 물고 한 손엔 전화, 다른 한 손으로는 담배 재를 연신 창밖으로 털어내고 있지만, 흡연으로 자기 몸이 발병의 고통에 다가서는 중이라는 사실을 그들은 알까?

그런 사실을 알지 못하는 사람들은 진정 이 글을 통해 그 점을 알았으면 한다. 그런 사실을 알고도 계속해서 담배를 피우는 사람이라면 바보천치이든지, 흡연의 끝을 모르는 자 중 하나일 것이다. 진정 이 글을 읽고서 담배를 끊는 사람은 내가 이 글에서 말하는 금연으로 인해 얻을 수 있다고 말하는 모든 것들을 새롭게 느끼고 체험할 수 있을 것이다.

나는 자신 있게 말할 수 있다. 나이 오십을 넘겨 인생의 반환점을 돌아온 나에게, 지금까지 내 인생에서 가장 성공한 일이 무엇이냐고 물으면 주저 없이 담배를 끊은 일이라고 대답할 것이다.

이십 년을 훌쩍 넘도록 담배를 피우며 생활해 오면서 부모님께 받은 몸을 혹사하고 병마에 시달리게 했고, 또한 이를 극복하고자 많은 시도를 하였었다.

약을 먹기도 했고, 운동도 해봤지만, 분명한 사실은 내가 담배를 끊기 전 담배를 피우면서 내 몸을 지키려고 했던 그 어떠한 시도나 행위들도 내가 담배를 끊었다는 사실 하나와 바꿀 수 없을 만큼 효과가 작았다는 것이다. 목숨을 잃지 않고 살아남아 이러한 사실을 깨닫게 되고, 이렇게 말할 수 있게 된 것은 정말 하느님이 내려주신 커다란 축복이라 생각한다.

매일 매일 접하는 인터넷 금연 기사

- 英의사회, “담배 마약과 똑 같다” 2000.02.08
- 임신 중 담배 피면 사산 당뇨병 4.5배 2002.02.26
- 일본 연구보고서 “흡연이 허리통증 유발” 2002.01.02
- “담배 피우면 10년 일찍 사망” 2004.06.21
- 국산 담배가 훨씬 더 해롭다 2004.08.17
- 국가, 담배 유해성 이미 알고 있었다 2004.08.17
- <의학> 커피, 담배 모두 하면 동맥경화 시너지 2004.11.19

- 담배 피우면 뇌졸중 위험 2배 2005.03.02
- 담배 피우면 자궁 외 임신 위험 4배 2005.10.27
- 담배 피워도 체중 줄지 않는다. 2006.10.11
- 술, 담배로 인한 질병비용, 6조원 육박 2006.12.26
- 담배를 끊는 순간부터 굳어진 동맥이 풀어져 2007.03.20
- 담배 피우는 사람, 결근 잦다 2007.04.05
- 담배 피우면 건선(피부 질환) 더 심해진다 2007.05.15
- 담배는 과연 스트레스 완화효과가 있는가? 2007.05.21
- 담배가 중이염 발생률 높여 2007.05.22
- 흡연이 남성 수명 3.5년 단축시켜 (일본 보고서) 2007.07.27
- 뇌졸중 예방하려면... 남자는 담배, 여자는 술 끊어야 2007.09.09
- 정신질환자는 니코틴에 약하다 2007.10.04
- 美영화협회 흡연 장면 나오면 등급 높이겠다 2007.11.20
- 담배 연기는 대기오염물질 2007.11.26
- 첫 출산 전 흡연 여성, 유방암 위험 2007.11.29
- 흡연하는 여성, 여드름 더 많다 2007.12.13
- TV 흡연 장면만 봐도 피고 싶다 2007.12.14
- 10대 골초 공황장애 확률 15배 높다 2007.12.17
- 흡연, 당뇨병 위험 증가시켜 2007.12.17
- <건강> 간접흡연 노출된 아이, 알레르기 2배 2007.12.21

그때 그 사람

박정희 대통령의 이름을 매시간 뉴스마다 들으며 보냈던 1970년대, 최루탄의 퀴퀴한 냄새와 데모 노래에 묻혀 암울하게 보냈던 1980년대.

7080세대들의 머릿속에는 군부 통치 시절이 또렷하게 각인되어 있다. 그 우울한 시대에 깊은 감수성을 가지고 시대의 풍파를 몸소 체험한 세대들이 비로소 사회의 중추적인 위치에 서게 되자, 이를 보상받기라도 하려는 듯이 '7080'이라는 음악 프로그램까지 만들어 옛 감성을 다시금 자극하고 있다.

몇 해 전, 박정희 전 대통령이 죽은 10.26 사건과 12.12 사건을 묘사한 『그때 그 사람들』이라는 영화를 보았다. 그 시대에 대학 생활을 경험했거나 사회의 초년 생활을 경험한 세대라면 옛날을 생각하며 한 번쯤 알려진 사실을 재차 확인하고 싶은 마음에 찾았던 영화였다.

요즘 들어 영화배우로 제2의 전성기를 누리고 있는 백윤식 씨가 박정희 대통령을 저격하는 김재규 역할을 맛깔나게 연기한 영화로, 영화를 감상하는 동안 사건 당시 퍼즐로도 맞추지 못했던 궁금한 생각들과 의문들을 화면으로 보여주며 기억을 상기시켜 주었다.

영화에서 내 눈에 유독 들어왔던 장면 중 하나가 백윤식 씨가 가끔 자기 입을 손으로 막은 채 호호하고 입으로 숨을 내쉬어 불어가면서 스스로 입 냄새를 맡아보는 장면이었다. 나는 그 장면을 보면서 '그래, 사람이 나이가 들어가면서 경험적으로 자기 컨디션과 몸 상태를 확인하는 비결인 **자가 진단법**을 활용하는구나'라고 생각했다.

나 역시 담배를 끊기 전에는 스스로 내 입을 막고 내 입 냄새를 맡아가며 흡연으로 인한 내 구강 안의 상태와 폐의 컨디션을 점검하곤 했던 생각이 떠올랐다.

담배를 피우는 사람은 자신이 피우는 담배의 냄새가 어떠한지, 담배 때문에 자신의 입속에서 어떤 냄새가 나는지에 대해 느끼지 못하는 경우가 대부분이다.

어쩌면 느끼지 못하는 게 아니라, 나는 냄새를 심각하게 생각하지 못할 수 있다. 따라서 자기 입에서 나는 입 냄새에 대해 타인이 이를 어떻게 생각할지, 또는 자신의 구취 때문에 자신이 남에게 어떤 대접을 받아야 하며, 자신의 구취가 타인에게 어떤 인식을 주고 있는지를 전혀 인지하지 못하는 것이다.

다행히 담배를 피웠던 시절에도 나는 여느 애연가들과는 달리, 내가 피우는 담배로 인하여 내 몸에 밴 냄새나 구취가 남에게 혐오감을 줄 수도 있겠다는 생각을 가끔 하곤 했다.

이는 순전히 후각이 예민하게 태어난 나만의 까다로움 때문으로,

하루 중 담배를 피우는 중간중간에도 몇 번씩 양치질해 대면서 양치 결과를 확인하고, 다음 양치할 시점을 결정하기 위해 손으로 입을 막고 하~~하고 숨을 내쉬면서 입속의 냄새를 맡아보았다.

또한 내가 피우는 담배로 인하여 몸속에 배어있는 불쾌한 냄새와 입속에 머무는, 마치 썩은 듯이 나는 냄새를 극복해 보고자 하루에 몇 번씩 급하게 양치질했었는데, 그 결과 지금은 이와 잇몸 사이가 깊게 패여 골짜기를 이루게 되었고, 차거나 뜨거운 음식을 먹을 때면 어김없이 이가 시림을 느끼곤 한다.

담배를 끊은 지금에야 드는 생각이지만, 차라리 성격이나 예민하지 않고 까다롭지 않았다면 그리도 급하게 성질대로 양치질하지 않았을 터이고, 오복 중의 하나인 이라도 보존하는 거라는 때늦은 후회를 한다.

나이가 들어가면서 정말로 절실하게 느끼는 것 중 하나가 바로 건강은 건강할 때 지켜야 한다는 진리 같지 않은 평범한 진리이다.

귀에 닳게 들어서 나도 모르게 남들에게도 같은 말을 내뱉곤 하지만, 실제 그 말의 진정한 의미를 내가 이해한 것은 아프고 나서 금연한 후였다.

담배를 피우고 있는 사람들이 이 글을 읽고 마음에 담아둘 내용은 이렇다. 담배를 피우고 있는 사람들에게는 자신의 몸이 끊임없이 신호를 보낸다.

당신이 피워대는 담배 연기로 인해 가슴이 이렇게 아파요. 담배 연기 때문에 몸속에서 피돌기가 안 되니 머리가 아파요. 담배 연기 때문에 폐 속이 답답하고 쉽게 피곤해요, 라고 말이다.

하지만 담배를 피우는 사람들은 자신들만의 막무가내 논리로 몸이 자신에게 경고하고 있음을 애써 외면한다.

적어도 담대하게 담배를 피우는 사람들이라면, 스스로 자기 몸 상태를 느끼고 판단할 수 있는 자신만의 방법을 개발하여 틈날 때마다 자신이 언제쯤 쓰러질 것인가를 예측해 보고, 금연을 언제쯤 하는 것이 자신의 인생에서 가장 경제적일지를 생각해야 한다.

누적된 흡연 경고가 언제 그 효과를 나타낼지 아무도 모르기 때문이다. 성경에 쓰인 대로 남편이 언제 집으로 돌아올지 몰라 항상 등불을 준비하고 있는 현명한 부인들 같았으면 좋겠지만, 담배를 받아들이는 몸이 비상 신호를 보내는데도 불구하고 금연하지 않는다는 것은 게으르고 어리석은 아낙네와 같이 등불을 준비하지 않은 것과 같은 이치이다.

금연하지 않은 사람들이 노환을 경험하기 전에 발병하여 죽음에 이른다면, 그 원인에는 분명히 담배라는 저승사자가 막대한 역할을 하였음을 굳이 부연하여 설명할 필요가 없다.

마지막 담배

2001년 7월 4일은 내 인생에서 잊을 수 없는 날이다.

사무실에서 여느 때와 같이 일을 보다가 점심을 먹으러 가기 전, 내 생에 마지막이 될 담배를 입에 물고 라이터를 당겨 불을 붙였다.

담배를 피울 때면 항상 그랬듯이 청 연한 듯 하얗고 자극적인 담배 연기가 내 기도를 통해 폐로 깊숙하게 스며들어 오는 것을 느낄 수 있었고, 동시에 오른쪽 가슴 깊은 곳에서 참기 힘든 통증이 느껴졌다.

어느 날부터인가 생겨난 가슴의 통증이 간헐적으로 내 몸과 뇌에 사인을 보내다가 이내 통증 발생 빈도와 통증의 정도가 점점 커지기 시작했다. 급기야 이렇게 가슴이 아프다가 결국 죽을지도 모른다는 생각이 들었고, 그 순간 가슴의 통증이 머릿속의 두려움으로 바뀌었다. 이때 서야 나는 내 폐가 두 개뿐이라는 사실을 인식하게 되었다.

담배를 피우는 폐와 호흡을 위한 폐가 따로 있었어야 했다는 말도 안 되는 나만의 희망 논리를 머릿속에 그리면서, 이렇게 사람의 장기를 만드신 것이 바로 하느님이 행하신 천지창조 시의 최대 실수라고 중얼거렸다.

내일은 마침내 병원에 입원할 예정이라 오늘 사무실 방 안에서 책상 서랍을 깨끗하게 정리하고 있었다. 병원에 진단받으러 가겠다는 생각이 있었지만, 실제로 병원에 가면 어떤 결과가 나를 기다리고 있을지에 대한 예측은 이미 마음 깊이 확신까지 내렸던 상태였다.

이번에 병원에 들어가면 당분간 쉽사리 나오기 어렵거나, 아니면 커다란 수술을 통하여 뭔가 심각한 조치를 취해야 하거나, 최악의 경우엔 못 나올지도 모른다는 생각이 들었다.

책상 위의 재떨이에 잠시 올려놓은 담배에서 파르랗고 가느다란 한 줄기의 연기가 천정으로 올라가고 있었다. 후~ 하고 입으로 불어 보니 이내 연기는 파르르 떨리고 난 후 다시금 외줄 타기를 하며 하늘로 올라갔다.

지금 내 심정이 이렇게 가느다란 외줄을 타고 암벽에 매달려 구조를 애타게 기다리는 조난자의 그것으로, 곧 가느다란 외줄이 끊길지도 모른다는 불안한 상상을 해본다.

병원에 입원하기 전날, 그렇게 밤늦게 내 생에 마지막이 될지 몰랐던 그 담배를 한 개비 피워 물고서, "그래, 이게 내 생에 내가 피우는 마지막 담배가 될 것"이라고 몇 번씩이나 읊조린다.

시간을 되돌릴 수만 있다면 담배를 처음 피웠던 시절로 다시 돌아가, 담배 피우는 연습을 애초에 하지 않도록 되돌리고 싶고, 담배를 학습했던 과거를 없었던 일로 지워버리고 싶다.

담배 개비의 끝부터 서서히 빨아들이는 호흡의 깊이에 따라 강약을 조절하며, 재로 변해가는 담배 끝을 물끄러미 바라보며, 들이마시는 연기 속의 타르가 내 오른쪽 폐에 끈적이며 들러붙어 간다는 느낌과, 이로 인해 느껴지는 가슴속 깊고 깊은 통증에 사로잡혀 가고 있었다.

내가 앉는 의자의 양쪽에 위치해 나를 보좌하던 좌청룡, 우백호 책사 역할을 훌륭하게 수행하던 책상 서랍 속의 물건들을 뒤져가며 정리하기 시작했다.

만일 내가 병원에 입원해 다시 일어나지 못하고, 부득이 내가 아닌 다른 사람이 내 책상을 열어야 하는 상황이 와도 깔끔하게 정리된 생활 모습을 보여주고 싶었고, 아내와 자식들에게 남겨야 할 말을 적어놓고 싶어서였다. 하지만 또 다른 한편으로는 제 폐 하나도 간 수치 못한 사람이 서랍만 깨끗하게 정리한다고 뭐가 의미 있겠냐는 생각이 들기도 했다.

책상 서랍을 치우다 보니 서랍의 한쪽 구석에 작은 파이프가 눈에 띄었다. 한때 담배의 니코틴을 제거하기 위해 수년간 사용했던 파이프였다. 그때 파이프의 좁은 구멍을 뚫는 고무 패킹이 달린 가느다란 침들이 몇 개씩이나 서랍 바닥에 나와 있었다. 담배를 피우던 시절에는 그렇게 애타게 찾아도 눈에 띄지 않던 것들이 이제는 필요하지 않은데 줄줄이 내 눈앞에 나타나고 있었다.

"이제 이것들을 다시 쓸 수 있을까?"라는 생각과 함께 손에 잡히는 파이프 청소용 침들과 파이프를 쓰레기통에 던져 넣었다.

두 번째 서랍을 치울 때는 왜 그리도 많은 라이터가 쏟아져 나오던지. 한때 유행했던 라이터 표면을 문지르면 비키니 미녀가 누드로 바뀌는 것부터 작은 라이터, 굵은 라이터, 호프집 라이터, 홍보용 라이터 등등….

예전에도 몇 번 담배를 끊어보았지만, 절제의 시간은 오래가지 않았고, 다시 담배를 물게 되었을 때는 잠시 공백이 된 금연 기간을 보상받으려는 듯 몇 배 강도로 다시 담배를 즐겼다.

내일 병원에 입원할 현시점에서, 담배를 즐기던 그 시절에 내 심정을 예측할 수 있었다면 얼마나 좋았을까? 하는 때늦은 후회가 밀려오지만, 지금 내가 할 수 있는 것은 아무것도 없다.

내가 다시 사무실로 돌아오지 못할 경우를 대비해, 그저 남에게 보이고 싶지 않은 불필요한 것들을 정리하여 찢어 버리고 갑작스러운 죽음에 대비해, 아내와 가족에게 꼭 해야 할 얘기들을 어떤 방식으로든지 자연스럽게 가족이 볼 수 있도록 사전 조치하는 것뿐이었다.

며칠 전, 딸아이를 손찌검했던 생각, 둘째를 야단치던 일, 셋째인 막내를 울렸던 일이 떠오른다.

이번 위기를 넘겨 건강하게 병원 문을 나서면, 여름휴가는 빠짐없이 가족들을 모두 대동하고 아내와 자식들이 원하는 모든 것을 해주겠다고 다짐해 본다.

하지만 순간, 이런 모든 생각들이 무의미하게 여겨지며, 눈물이 왈칵 쏟아진다. 잠시 방문 쪽으로 가서 문을 닫고 잠금 꼭지를 눌러 문을 잠근다. 사무실 직원들이 갑자기 들어오면, 눈물 범벅된 이 추한 모습은 보지 않겠다는 마음에서였다.

이내 재떨이에서 길게 늘어진 타버린 담뱃재가 책상 위로 푸석하게 떨어진다. 필터까지 타들어 간 퀴퀴한 담배꽁초를 집어 재떨이에 담배를 비벼 끄고, 재떨이와 와이셔츠 속 담배를 통째로 쓰레기통 속에 버렸다.

이것으로 나와 담배의 질긴 인연의 고리가 진정으로 끊어졌다고 확신하면서…

병원으로

오늘 아침, 오늘은 병원에 가는 날이라 아침부터 아내가 분주하다.

아내는 내 옷가지와 양말, 수건, 입원 물품을 챙기느라 부산하고, 일찍 학교로 향하던 세 아이를 불러 세워 하나하나 아빠에게 인사를 시킨다.

어쩌면 애들의 등교 인사를 받는 내 심정이 지난날 군대에 입대하던 아침, 아버지와 어머니께 큰절을 올리던 그때의 심정과 그리도 닮았던지. 내가 입대하던 시절 우리 세대는 친구의 부모님을 뵈면 큰절을 올리는 것이 배운 사람의 당연한 생활양식이었고, 최소 장기간 여행을 다녀오거나 집을 멀리 떠나게 되는 경우라도 자기 부모님께도 당연하게 큰절을 올리곤 했다.

내가 머리 깎고 입대하던 날, 이른 아침 일어나 마루와 안방을 불안하게 왔다 갔다 하고 계시던 아버지께 입대를 고하며 잘 다녀오겠다고 마루에서 큰절을 드리는데, 나도 모르게 눈물이 주르륵 흘러내림을 주체하지 못했다.

전혀 예상치 못한 일이었다. 전날 밤까지도 큰절은 올려야겠다고 생각했지만, 크게 웃으면서 대문 밖으로 나갈 생각이었었다.

나의 이런 모습을 차마 볼 수가 없었던지 아버지도 인사를 받은 후에 고개를 돌리셨고, 나는 아버지와 눈을 마주치지 않으려고 곧바로 대문을 뛰쳐나왔다.

그때 입대신고식을 받았던 아버지가 돌아가신 지 벌써 17년이 되었고, 오늘 이른 아침 병원으로 향하는 나 자신이 내 자식들의 등교 인사를 받으며 옛날 군대로 향하던 입대 당시의 모습과 겹쳐 생각되니, 나도 모를 일이었다.

환자를 데려가는 보호자의 신분으로 변한 아내가 운전대를 잡으려는 것을 굳이 내가 직접 하겠다고 우겨 빼앗아 운전하여 병원으로 출발했다.

사는 곳에서 병원까지 가는 시간은 불과 5분도 채 걸리지 않는 시간이다. 운전하는 동안 아내에게 뭐라고 얘기를 해주어야 하는데, 무슨 얘기를 할지가 도저히 떠오르지 않아 짧은 시간 동안 어색한 시간이 흘러갔다. 순간 내뱉은 말이 “임자! 미안하네, 이런 모습을 보이게 돼서 나, 별일 없겠지?”였다.

아내는 기다렸다는 듯이 내 말을 받아 “그럼 무슨 일이 난데요? 당신은 벽화 그릴 때까지 살 테니까요. 걱정하지 마세요! 그리고 내 허락이 떨어지기 전에는 죽지도 못해요.”라고 말했다.

아내는 내 성격을 너무 잘 알고 있다. 특히 건강에 대해 무척이나 소심하고 겁 많은 내가 느끼는 두려움을, 아내로서의 가족에 대한 책임감까지 들먹이며 날 안심시키고 있었다.

어느새 병원 주차장에 도착했고, 차를 세우는 데 오늘따라 후진으로 차선에 꼭 맞춰 주차하는 것이 신경 쓰였다. 이미 주차된 옆 차와 내 차의 간격이 너무 좁아 옆 차의 주인이 문을 열다가 내 차에 흠집을 낼까, 봐 걱정하며 차에서 내렸다. 순간, 병원에 들어가면 못 나올지도 모를 놈이 웬 차 걱정이냐? 하는 생각에 피식 웃음이 나왔다.

옛 한국의 어머니들이 출산하러 방에 들어갈 때면, 섬돌에 놓인 자기 신발을 잠시 쳐다보며 무사히 출산 후 벗어 놓은 신을 다시 볼 수 있을까 하고 생각했다는 고등학교 때 국어 선생님의 이야기가 떠올랐다.

신성한 출산도 아니고, 무모한 흡연으로 인해 자신의 명을 재촉한 놈이 주제에, 정든 차를 쳐다보며 이런 생각을 하는 자신이 너무도 한심했다.

병원 풍경

병원에 와보면 우리 사회에 아픈 사람이 많다는 사실에 새삼 놀라게 되며, 정말 병명도 다양하다는 것을 느낀다. 또한, 아픈 사람들로 인해 그 가족들이 많은 고생을 덤으로 하고 있다는 것을 가슴 깊이 느끼게 된다.

나는 지금 내 발로 걸어 병원으로 들어가고 있지만, 먼저 병원에 들어와 입원해 있거나 분주히 검사하러 다니는 환자들을 보면서 인생이 무엇인가라는 유행가의 가사가 저절로 머릿속에 맴돌게 되고, 무언지 모를 심한 압박감이 나를 짓누르는 착각 속에 사로잡히게 되었다. 병원에서 눈에 띄는 모든 환자가 나같이 담배를 오랫동안 피워 아프게 된 사람들일 거라는 생각을 하였다.

링거주사 병에 걸린 거치대를 끌고 병원 복도를 지나가는 환자들, 몸에 소변을 받아내는 비닐 백을 부착하고 치렁치렁 다니는 환자들, 입원실 침상에 누워 있거나 앉아 있는 초췌한 얼굴의 환자들. 나는 방금 병원에 왔고, 이제 저들처럼 어떤 의학적 조치를 받겠지만 아직은 환자복도 입지 않은 일반인 신분이다. 하지만 곧 저들처럼 될 거라 생각하니 저들이 나의 선배 같고, 맞을 매를 먼저 맞은 사람 같아 한편으론 부럽기까지 했다.

나는 입원 후 2인용 입원실을 배정받고 환자복으로 갈아입었다. 남들이 문병 다닐 때는 환자복에 병원의 이름이 새겨진 줄도 몰랐다. 환자복에 병원 이름을 새겨 놓은 이유가 무엇일까, 생각해 보며, 물건 잘 가져가는 우리네에 대한 경고용인지, 아니면 우리 환자들이 입원 기간 그 병원의 재정을 책임지는 병원 소유물이라는 뜻인지 헷갈렸다. 이내 환자복으로 갈아입고 나서 뒤따라온 아내 얼굴을 쳐다보니 참으로 만감이 교차하고, 다리에 힘이 좌~악 빠졌다.

환자복을 입을 때까지만 해도 속으로 웃음이 나곤 했으나, 일단 환자복으로 갈아입고 나니 웃음이 사라졌다. 잠시 후 간호사가 들어와 내 코에 산소 튜브를 꼽고 갔다. 영화 속에서만 보았던 코에 산소 튜브를 꼽는 장면을 내가 할 거라는 생각은 해본 적이 없었다.

세상을 살아가는데 고생하지 않으려면 집안에 의사와 법관 한 명쯤은 있어야 한다는 우스갯소리가 있다. 내가 입원한 병원의 입원실을 잡는 데도 그냥 입원한 것이 아니다. 세상에 내 돈을 주고서도 맘대로 병원에 입원하지 못하는 곳이 바로 우리나라다. 다행히 입원한 병원에 아는 분이 근무하고 있어 사전에 부탁하여 입원실을 마련한 덕택에, 우선 응급실을 통해 응급 진료를 받고, 입원실이 비워질 동안 하루 동안 응급실 임원을 거친 후 바로 입원실을 차지하게 되었다.

나의 병증(病症)은 이미 일차 진료를 진행은 개인 내과 병원에서 밝혔기 때문에 응급실에서는 간단히 일차 진료 기관에서 밝힌 병증에 관한 확인으로 기흉(氣胸)과 폐기종(肺氣腫)을 확인한 후, 수술을 통한 치료가 필수적이라는 판단하에 수술을 위한 각종 검사와 흉부 개복수술을 위해 입원하게 된 것이다. 참고로 지금 수술까지 이르게 된 나의 발병 이력은 하나같이 담배와 관련되어 있다. 이를 나열하면 다음과 같다.

1978년, 대학교에 입학하여 처음으로 담배를 피우기 시작했는데, 정확히 담배를 피우기 시작한 지 2년 6개월 만인 대학교 3학년 때 학교 신체검사에서 의증 폐렴(肺炎)이라는 진단을 받아 종합병원에서 정밀 진단을 받도록 조치되었다. 당시의 증상은 가슴이 간질거리고 기침이 자주 나왔던 것으로 기억된다. 다행히 아버지가 내과 의사로 개인 병원을 운영하셨기 때문에 큰 병원에 가지 않고 아버지가 지어주신 약을 먹고 나았었다.

그 후 10년 동안은 잔병치레는 했으나 죽을 정도의 병은 없었던 것 같다. 하지만 결혼 생활 5년 만에 과다한 흡연과 지속된 직장 업무로 인해 급성 폐렴(肺炎)과 폐기종(肺氣腫)증이 발병하였고, 급기야 이를 무시한 채 활동해 오다 어느 날 아침, 잠자리에서 일어나려다 가슴을 움켜쥐고 앞으로 꼬꾸라졌다. 병원까지는 스스로 걸어갔으나, 의사에게 병명을 듣고 난 후에는 스스로 발로 걸어 병원 문을 나오기 힘들

정도의 통증과 충격을 받았다. 1991년, 과천에 살 때의 일이었는데, 그때는 내가 딸아이 말고도 둘째 아들을 얻어 막 돌이 되던 때였다. 당시 개인 병원 원장 선생님이 이렇게 말하셨다. "아마 이번에 낫게 되면 담배를 절대 피우면 안 된다. 지금은 항생제가 좋아져서 열흘 정도 치료받으면 낫겠지만, 옛날 같으면 당연히 죽는 병이다."라고 말씀하시면서, 이를 깊이 명심하여 낫게 되면 반드시 금연하라고 하셨다. 어쨌든 발달한 항생제와 집사람의 극진한 간호 덕분에 나는 당시의 발병을 이겨내고 나았다.

그 당시 급성 폐렴(肺炎)을 치료하는 동안은 향후 절대 담배를 피우지 않겠다고 결심하였으나, 몸이 낫게 되자 언제 그런 생각을 했는지 모른 채 다시금 담배를 피우기 시작했다.

이렇게 목숨을 걸고 흡연을 한 배경에는 나 자신이 맘만 먹으면 언제든 담배를 끊을 수 있을 거라는 자만심으로 금연의 필요성을 외면한 것이다. 이후 10년 동안은 여러 차례 금연 시도와 다시 담배를 피우기를 되풀이하였으나, 결국 다시 심하게 발병될 때까지 궁극적인 금연은 하지 않았다.

2001년 초여름 어느 날, 사무실에서 일을 하던 중 갑자기 가슴이 찢어지는 듯한 통증이 가슴에 전달되었고, 급작스럽게 숨을 들이마시고 내쉬기가 어려울 지경에 이르렀다. 마음속으로는 드디어 올 것이 왔다는 불길한 예측이 엄습해 왔으나, 설마 하는 생각으로 사무실 근처의 내과 병원을 찾아 X-ray를 찍었다. 진단 결과는 생전 들어보지도 못한 기흉(氣胸)과 폐기종(肺氣腫)으로 나타났다. 병원장은 나의 폐와 관련된 발병 이력을 들은 후, 현재 내 상태는 통상적인 소극적인 치료법으로는 치유하기 어려우니 수술을 통해 근본적인 치료 방법을 찾는 것이 좋겠다고 권유하였다.

기흉(氣胸)이란 병을 쉽게 설명하자면 이렇다. 사람 폐는 풍선과 같이 공기를 들이마시면 늘어나고, 숨을 내쉬면 다시 쪼그라드는데, 폐의 끝부분의 세포가 과도한 흡연으로 인해 기능을 상실하거나 손상되어 수축하지 못하는 것이다. 즉 폐가 제 기능을 하지 못하니 숨이 차고 가슴은 답답할 수밖에 없고, 이는 심각한 흉통으로 이어져 활동할 수 없는 상황에 이르게 된다.

폐기종(肺氣腫)은 허파꽈리로 불리는 폐포 사이의 벽들이 과도한 흡연으로 파괴되어 탄성을 잃는 결과로, 영구적으로 폐포가 확장되는 질환을 말한다. 이는 만성 폐질환의 하나로 보통 기관지염(氣管支炎)과 동반되어 발생한다. 병명은 달라도 그 효과는 유사하여, 결국 편히 숨을 쉬지 못하는 것이다.

이렇게 무섭고 두려운 병의 종류와 특성에 대해 나는 자세히 설명하지 않아도, 여러분들은 인터넷을 통해 많은 정보를 알 수 있다. 중요한 점은 과도한 흡연으로 내가 이런 무서운 병에 걸렸다는 것이다. 이런 병들의 특성이 발병 초기 단계에서는 별다른 증상이 없으나, 병이 진행되면서 자주 숨이 차고 마른기침하는 경고 증상이 나타나다가 급기야 내가 경험한 대로 한순간에 움직일 수 없는 지경에 이르게 되는 것이다.

병원장은 병의 발생에 대한 다양한 의학적 설명을 뒤로 한 채, “담배 피우시죠?”라고 물었고, 나의 고개 끄덕임 외의 다른 대답은 더 이상 들을 필요도 없는 듯, 업무적인 목소리로 종합병원에서 진료받고 수술을 받을 것을 권유하였다.

이리하여 흡연 이력 23년 만에, 드디어 내 몸은 담배와의 쾌락 전쟁에서 패배하고, 수술대에 몸을 맡겨 생명을 저울질하는 지경에 이르게 되었다. 수술에 대한 두려움으로 수술 성공률을 묻는 나에게, 병원장은 “낫거든 절대로 담배를 피우지 말라”고 얘기하며 답변을 대신했다.

힘이 빠져 떨리는 걸음으로 사무실로 돌아오면서, 지금부터 사무실을 정리해야겠다고 생각하였으며, 집 안 정리는 어찌해야 하나 하는 걱정도 앞섰지만, 어느 한 편으로는 그 많은 담배를 피워온 자신에게 염치없는 사람으로 사망 가능성이 높은 폐암 진단이 나오지 않은 것만으로도 낙제의 F학점이 아닌 통과된 D학점 정도로 여겨야 했다.

담당의擔當醫와의 조우遭遇

병이 나은 후에는 자신을 치료한 의사에 대한 신뢰와 감사가 당연히 생겨난다. 하지만 가끔 발생하는 유쾌하지 않은 상황 중 하나는 치료받는 동안 의사들이 환자를 무관심하거나 성의 없이 대하는 태도이다.

나는 심하게 아파 정신이 없는데도 자신은 의사의 위치에 있고 아프지 않기 때문에 직업적으로 환자를 대할 뿐, 환자의 아픔을 대수롭지 않게 생각하는 듯이 느껴지거나, 무성의하게 치료 방법을 나열하여 설명할 뿐, 환자의 걱정과 두려움까지를 고려하여 안심시키려는 세심한 배려의 설명을 하지 않을 때가 그렇다.

나 역시 그동안 영화 속에서나 보아왔던 장면처럼 콧속에 산소 튜브를 꼽고 병상에 누워 담당 의사를 처음 만났다. 나는 자세하게 나의 폐 상태 및 어떠한 방법들을 사용하여 치료할 수 있는지와 이에 대한 성공 여부 등을 알고 싶었고, 다만 말뿐이라도 좋으니 담당 의사의 직접적인 설명을 통해 내 병이 대수롭지 않고 꼭 나을 수 있다는 말을 들으며 위로받기를 소원하였다. 하지만 그 희망은 나만의 바람으로 그쳤다.

의사의 설명에 의하면 내 병은 약이 잘 듣지 않는 병이라 한다. 약을 먹어도 약 기운이 폐까지 도달하지도 않으며, 간과는 달리 폐의 재생

능력은 그다지 뛰어나지 않기 때문에 세 가지 방법의 하나로 치료할 수 있다는 상투적인 설명이었다.

첫째 방법은 기대치가 낮지만, 순 농도의 산소투입 요법으로 코를 통해 폐에 지속해서 고농도 산소를 공급하며 물리적인 호흡 운동을 하는 것이다. 폐 스스로 양질의 산소를 접해 제 기능이 회복되도록 기다리는 방법이며, 폐의 상태가 호전될 때까지 무작정 기다려야 한다.

두 번째 방법은 가슴에 구멍을 뚫고 고무호스를 꽂아 폐와 늑막 사이의 이물질이 호스를 통해 몸 밖으로 흘러나오도록 폐를 확장 조치하는 방법이다. 효과를 보긴 하지만 최종적인 치료는 아니어서 재발이 잘된다고 한다.

세 번째, 가장 확실한 방법은 가슴을 절개하거나 일부 열고 행하는 수술 요법이다. 쪼그라든 폐를 강제로 펼쳐 주변의 기관에 빨래 널 듯이 강제로 갖다 고정하는 방법이라고 설명하며, 이 방법도 현재 제일 나은 방법일 뿐 재발의 가능성은 타 방법에 비해 낮을 뿐 전혀 없지는 않다고 말했다.

짧은 설명 후 어떤 방법으로 치료를 받을 것인지는 환자 자신이 결정해야 한다고 덧붙여 설명하였다. 환자의 요구에 따라 치료법을 적용하겠다는 것이다. 나는 참으로 답답한 질문이라 생각했다.

이 방법밖에 없으니 이렇게 조치해야 한다고 의사가 말하는 것이 차

라리 좋으리라 생각했다. 나열식으로 설명하고 환자인 나에게 치료 방법을 고르라니, 내가 의사가 아닌데 어떻게 방법을 선택해야 하나? 내가 방법을 선택하면 내가 원하는 방법으로 치료를 해주었으니, 설령 잘못되더라도 그 결과는 선택한 환자의 몫이 아닐까? 라는 생각이 들어 병원과 의사의 무책임한 태도에 짜증이 났다.

건설공법 선정에 관한 설계 시에는 공법별 장단점과 공사비를 표로 정리해 놓은 후 최종적으로 추천공법에 동그라미를 표하여 제출했는데, 병원에서는 추천 방법 제시도 없이 너무한다는 생각이 들었다.

나열한 방법 중 가장 확실한 치료 방법이 수술 요법이라고 나왔지만, 내심 의사가 수술을 권장하는 말투였다는 점을 이해는 하였다. 그러나 제발 수술을 통해 살려달라고 애원하는 환자의 절규를 반드시 들어야만 수술하겠다는 의사들의 권위 의식과 함께 수술하는 경우 예기치 못한 상황이 발생했을 때, 그 처리의 주도권을 병원 측에 유리하게 끌어가려는 일종의 씨름에서의 샅바 잡기 싸움과 같은 사전 조치라는 생각까지 들었다.

하긴, 작으나 크나 수술이란 가장 확실한 방법임에도 수술이 갖는 우연성이나 임의 사고 발생 가능성을 고려할 때, 신의 영역인 생사에 관한 문제를 의사가 간여할 수는 없을 거라는 생각에 스스로 이러한 상황을 받아들이고 이해할 수밖에….

입원실入院室의 초야初夜

병원에 입원하여 안심되어야 했음에도, 난생처음 자신의 생살여탈권을 결정할 방법에 대한 역질문을 안고서 입원실에서의 첫날밤을 보내게 되었다.

입원 첫날 내게 취해진 조치는 내일의 수술 전 검사를 위한 링거주사와 폐에 산소를 공급하기 위해 얇은 호스를 통해 코로 산소를 공급하는 것이었다. 영화에 주로 나오는 장면으로 병상에서 산소 호스를 코에 꽂고 누워 있는 그런 모습이다. 아내는 산소 호스를 꽂은 내 모습이 너무 우습고 한심해 보였든지, 나이롱환자의 전형적인 모습이라며 남들 몰래 나를 놀려 댔다.

2인실의 입원실이었지만 가운데 커튼 칸막이가 있어 불편하지 않았고, 옆의 보조 침대에 아내가 누워 있어 든든하였다. 아내도 남편의 수술 결정 일로 다소 걱정은 되었겠으나, 어느 면으로는 가사노동으로 시달리는 집보다 편해 보였다.

집에서는 매일 자식들에게 부대끼고, 남편 뒷바라지에 시달려 잠도 잘 못 자니 입원실의 보조 침대가 불편하기는 하겠지만, 하릴없이 남편과 같이 잠을 잘 수는 있지 않은가? 입원실에서 할 수 있는 일과 해야 할 일은 먹고 자고 쉬는 일뿐 아닌가?

아내와 치료 방법에 관해 대화해 보니, 아내 역시도 나와 같이 수술하긴 해야겠는데, 수술을 통해 100% 낫는다는 보장이 없다는 의사의 설명은 성에 차지 않는 눈치였다. 어쨌든 내일부터 하루 정도 수술 전 검사를 마치게 되면 바로 수술을 할 수 있으므로, 나의 수술 여부는 내가 수술을 받겠다는 결심만 남게 된 셈이다.

자정을 넘자, 입원실의 복도를 오가는 발걸음도 뜸해지고, 한강 변을 오가는 창밖 차 소리는 점점 커지는데 이런저런 많은 생각들이 밀려 들어와 잠을 이룰 수 없고, 특히 왜 내가 배우지 않아도 좋았을 담배로 인해 이 지경에 이르렀는지 한심한 자신만이 남게 되었다.

어느 한 편 이런 생각도 들었다. 내일이면 수술 여부를 결정하여 의사에게 말해야 하는데, 아예 수술받지 말고 물리적인 산소 공급 요법만을 체득한 후 스스로 견뎌내도록 한번 버텨보자는 뜬금없는 생각 말이다. 그래! 몸에 좋지 않다는 담배를 스스로 피워서 생긴 병이니 이를 끊고서 스스로 방법을 찾아 몸이 좋아지는 방법을 찾고 노력해 보자고!

머릿속은 이런저런 경우의 수를 생각하여 각 때에 따라 나와 주변이 어떻게 될지를 입장 바꿔 생각하고 또 골똘하게 생각해 보면서 그렇게 입원실의 하룻밤을 보냈다.

그날 꿈에서는 몸에 고무호스를 꽂고서 걸어 다니던 환자의 모습, 호스에서 떨어지던 피 섞인 붉고 누런 체액이 모이는 링거병을 매단 환자의 힘든 얼굴, 수술대에 누워 가슴을 개복한 수술실의 내 모습들이 투영되고 많은 어지러운 광경들이 나타났다 사라지곤 하였다.

다음 날 아침, 아내에게 어젯밤 혼자 마음에 내린 결정을 얘기했고, 아내는 잠자코 내 말을 듣더니, 내 생각을 존중하지만 그래도 병을 키우는 것보다 그 원인을 없애고 편히 치료를 끝내는 것이 더 나을 수 있다고 말했다.

이는 내가 몸에 칼을 대기 싫어하는 겁쟁이임을 너무도 잘 알고 있는 아내였기에, 내가 수술을 받아야 하는 사실에 겁을 먹고 수술을 회피하고자 한다고 생각한 것이다. 솔직히 나는 아내의 생각대로 수술이 두렵기도 했고, 한편으론 수술을 받으면 다신 일어나지 못할 것 같은 상상 속에서 자꾸 자식들과 아내의 얼굴을 떠올리던 중이었다.

나는 다시 아내에게 진지하게 설명하였다. 내 몸은 내가 제일 잘 알고 있으니 내 말을 들어 달라. 내 병은 그동안 너무 많은 양의 담배를 피워서 생긴 병이니 담배를 끊고 재활 방법을 따라 노력하면 나을 수 있다고. 인간의 몸이란 게 자신도 모르는 자연 치유의 능력이 있다고. 거기에 의지와 노력 더하면 얼마든지 병을 이겨낼 수 있지 않겠냐고?

그렇게 아내에게 수술받지 않은 상태로 재활을 위한 노력을 다짐하면서 "그래, 담배 피워서 아팠으니 담배 끊고 스스로 낫자!"라는 때 늦은 사후약방문식의 오기가 내 마음속 한구석에 생겨나고 있었지만, 그 와중에도 오른쪽 가슴으로 느껴지는 통증을 제어할 방법은 없었다.

수술에 겁먹은 나의 어리석은 재활 다짐과 반복된 설득 덕분으로 어느덧 아내도 내가 수술하지 않고 버텨보겠다는 방안에 어느 정도는 동의하는 듯 해 보였는데, 이는 나의 최후 필살기 공격인 "당신 말대로 수술한다 치자! 그런데 수술 후 못 일어나면 좋아?"라는 나의 결정적인 협박성 호통이 약발을 받은 결과였다. 아내는 마지못해 망설이는 모습을 보이며 "그러게요"라고 말꼬리를 흐리는 지경에 이르렀다.

속담에 방귀 낀 놈이 성낸다는 얘기가 생각났다. 자신이 잘못하여 병 걸리고 애꿎게 아내에게 성질이라니…. 쯧. 어쨌든 나는 아내를 설득하는 데 일단은 성공하였으나, 다음으로는 환자인 내가 거꾸로 담당 의사를 설득해야 하는 지경에 이르렀다. 참으로 자신의 목숨을 담보로 바보짓을 하는 한심한 형국이었다. 내 마음속의 수술 여부에 관한 결정은 그러하였지만, 아직은 담당 의사의 허락을 받은 상태는 아니었기 때문에 내일의 수술을 위하여 받아야 하는 모든 종류의 검사는 마친 채 저녁 회진에 담당 의사가 오기만을 기다리고 있었다.

이윽고 담당 의사가 여러 인턴, 레지던트를 거느리고 내 입원실로 회진 들어왔을 때 나는 나의 결심을 내비쳤다. 어제는 나에게 치료 방법에 대해 선택하라 요구했던 담당 의사도 나의 결심을 듣자 이내 태도를 바꾸어, 기왕 수술 준비까지 마쳤는데 근원적 치료인 수술을 하는 것이 더 낫지 않겠냐며 나를 설득하고 있었다.

나는 바로 담당 의사의 말을 받아 "그러면 수술하면 완전히 회복될 수 있느냐?" 되물었다. 담당 의사는 나의 병종 특성상 완전한 회복은 어려우며 재발이 잘 되므로 재발의 여부는 전적으로 환자의 행동양식과 조심 여부에 달려 있다고 답변하였다. 나는 기다렸다는 듯이, "그렇다면 물리적인 산소 공급 치료로 현재 내 병증을 어느 정도 완화해 주면 퇴원한 후 나 스스로 재활 방법을 찾을 테니 퇴원할 수 있는 정도까지만 고쳐달라"고 다시 주문하였다.

내 말을 듣는 의사의 표정은 다소 생뚱맞게 보였으며, 자신의 목숨을 담보로 의사와 거래 대화를 나누는 자신의 꼴이 너무도 우습다는 생각을 머릿속 한편에 떠올리고 있었지만, **그때 당시의 내 목표는 수술하겠다고 제 발로 찾아온 병원으로부터 수술을 받지 않고 무사히(?) 구실을 찾아 병원을 빠져나가는 것이었다.**

대화 가운데 잠시 침묵이 흘렀지만, 이내 담당 의사로부터 입원 기간 산소 호흡과 물리 치료를 열심히 하여 현재 폐에 느끼는 통증이 다소 완화되고 폐의 재확장 가능성이 있다는 조짐이 보이면 그리해도 좋다는 조건부 허락을 받아냈다. 담당 의사가 돌아간 후 아내의 얼굴은 한심한 표정과 안도의 표정이 교차하며, 하여튼 당신의 궤변과 엉뚱함은 하늘을 찌르고도 남는다는 꾸짖는 표정으로 나의 협상력을 재평가하고 있었다.

환자患者 등급等級 변화變化

입원 다음 날 계획되었던 나의 수술 일정은 이제 없었던 일이 되었으며, 나의 지위는 수술을 앞둔 중환자에서 물리 치료를 받는 나이롱 환자의 신분으로 바뀌었다.

내가 받는 치료는 폐의 염증을 완화하는 약을 먹는 것과 더불어, 비누 거품 놀이를 떠올리는 조그만 플라스틱 구슬이 들어있는 흡입기로 폐의 물리적인 확장 운동을 유도하는 것과, 코에 걸친 산소 공급 튜브로 질 좋은 산소를 폐로 공급하여 폐의 자생력을 키우는 것이 전부였다.

흡입기란 놈에 입을 대고 힘껏 공기를 들이마시면 흡입기 내부의 플라스틱 구슬이 공중으로 두둥실 떠오르게 되는데, 이렇게 구슬을 띄우려면 정말 힘껏 공기를 들이마셔야 하며, 이때 쪼그라졌던 폐가 펼쳐지도록 하는 것이다.

나는 침대에 앉아서 정말 열심히 흡입기를 들이마셨다. 그 많은 담배를 피워서 이미 쪼그라져 버린 내 폐가 활짝 펼쳐지기를 간절히 소망하며 매일 흡입기를 열심히 들이마시고 또 들이마셨다. 하지만 흡입기를 들이마시며 폐 확장 운동을 하는 사이에도 내 가슴속의 통증은 사라지지 않고 일정한 간격으로 나의 가슴을 짓누르며 반복적으로 나를 압박했다.

어쨌든 나중에 병원 문을 나선 후의 셈이었지만, 일주일간의 입원 일정은 그렇게 시작되어 반복되었다. 신기한 일은, 수술하지 않겠다고 의사와 우겨 다툴 때는 가슴 통증이 잠시 진정되고 잦아들어 싸울 수 있도록 수술 거부 명분을 제공했으나, 수술하지 않기로 하고 나니 다시 가슴 통증이 터져 나오며 나를 괴롭히고 있다는 것이었다. 참 신기한 일이었지만, 정말 그랬다. 이게 무슨 법칙 같기도 하고….

겁 많던 나는 수술을 뒤로 미루는 데 성공하였으니, 일차적인 목표는 우선 달성하였고, 이제 남은 것은 열심히 노력하여 병을 이겨내는 이차 목표가 남은 셈이었다. 하지만 이는 나만의 다짐이고 희망 사항일 뿐, 과연 이를 달성할 것인지에 대한 확신은 없었다.

세월이 흐른 지금, 당시를 회상해 보면 하루에도 수십 번씩 수술을 미룬 것에 대해 잘했나, 잘못했나가 반복하여 머릿속을 떠돌았다.

닷새간의 입원 기간 참으로 많은 일들이 일어났다 사라졌다. 수술 결정을 접은 후로는 주기적인 흉통이 지속해서 일어났지만, 수술 없이 병원을 나가기로 새로운 목표를 정한 나로서는 담당 의사에게도 아내에게도 모두 아프다는 사실을 숨기며 지냈다.

드디어 닷새 만에 아픔이 좀 덜하다는 거짓말과 함께 담당 의사와 아내를 설득하여 병원 문을 나서는 허락을 받아냈다. 입원도 어렵지만 퇴원 역시 만만치 않은 노력이 필요한 과정이었다. 퇴원 허락에는 흡입 기구를 사용하여 폐 확장을 열심히 하겠다는 결의와 공기 나쁜 곳에는 절대 가지 않겠다는 약속, 이상 증세 시 즉각 응급실로 가겠다는 등 몇 가지 사항에 대한 확약 다짐이 선행되었음은 물론이다.

내 손으로 일부 짐 보따리를 들고 제 발로 걸어 입원실을 나설 때의 쾌감은 또 다른 새로운 경험이었다. 나는 병원 주차장에 세워놓았던 내 차를 그대로 직접 운전하여 귀가하였다.

굳은 결심

퇴원 후 나는 자가 치료를 위해 다음 4가지의 목표를 세웠다.

첫째, 치유의 신념을 가진다.

스스로 몸에 치유 능력이 있다고 믿는다. 무엇인가의 원인 제공으로 인해 몸이 아팠다면 그 원인을 제거한 후, 밥 잘 먹으면 치료될 것으로 믿는 것이다.

둘째, 발병 원인의 구체적인 제거이다.

발병의 원인이 흡연이기 때문에 담배를 피우지 않는 것은 당연한 일이며, 담배 연기가 많은 장소도 될 수 있으면 가지 않는다. 즉, 노래방, 당구장, 호프집 등 담배 연기가 창궐하는 장소는 피한다. 길을 걸을 때도 길에서 담배 피우는 사람들을 피해 다닌다.

셋째, 담배와 담배 연기를 증오한다.

이십 년을 넘는 흡연의 이력이 있었기 때문에 단순한 금연을 넘어 담배 연기에 증오감을 가진다.

넷째, 낙천적으로 생각한다.

만병의 근원 중 으뜸이 스트레스라는 사실은 현대인이 다 안다. 따라서 스트레스를 받지 않도록 마음가짐을 가지는 것이다.

나는 이상의 네 가지 자기 최면을 항상 마음에 두었으며, 매일 아침 마음을 재무장하고 실제 재무장한 사항들을 실행하기 위하여 많은 노력을 하였다. 이러한 생활 방식의 실천에는 그동안 내가 중요하게 생각해 왔던 인간관계의 생활 방식들에 대한 과감한 구조 조정이 필요하였으며, 생각지 못한 주변 사람들의 질타(?)까지 감수해야 하기도 했다. 이러한 생활 방식의 변화 노력 외에도 기도할 자격은 없지만, 내 병을 낫게 해 달라고 틈날 때마다 간구하고 기도하였다.

그렇게 스스로 치유 노력을 하면서 많은 시간을 보냈다.

다행히도 가슴의 통증은 해마다 아주 조금씩 작아졌다.

그럼에도 어떤 날 뜻하지 않게 간접적인 담배 연기를 접하고 나면, 그날 저녁 갑자기 심한 흉통이 발생하기도 하였으며, 옆으로 누워 잠을 자고 나서도 흉통이 발생하고, 큰 소리로 고함을 치던 끝에 흉통이 발생하는 등 다양한 상황에서 다양하게 흉통이 발생하곤 했다.

이렇게 돌발적으로 한 번씩 발생한 흉통은 보통 4~5일간 나를 떠나지 않고 괴롭혔다.

그렇게 자가 치료에 들어간 후 5년까지는 참 많이, 그리고 자주 아팠다.

하지만 아픈 중에도 흉통의 발생 빈도나 그 심한 정도가 아주 미세하게 잦아들고 있었다는 것을 나는 느낄 수 있었다.

정말 고마운 일이다.

자가 치료 시작 후 5년을 넘어 6년째 들어선 2006년 이후부터 2008년까지는 분기에 한 번 정도, 2~3일간 간헐적인 흉통이 있었다. 2008년 이후로는 1년에 한두 번 정도로 흉통이 있었다.

그리고 2008년 어느 날,

업무 출장차 고향에 내려가게 되었는데, 시간이 남아 시내 길을 걸어 다니다 우연히 친했던 동창 친구 이름이 걸린 병원 간판을 보았고, 병원 문을 열고 들어가 하얀 가운을 입은 친구를 만나 내 병력에 대한 자세한 전후 설명을 하지 않은 상태에서 X-ray 한 번 찍어 내 폐 좀 검사해 달라고 말했으며, 그렇게 찍은 X-ray 사진을 쳐다보던 원장 친구가 "네 폐는 정상이고 괜찮은데"라고 말하였다.

떨리고 기쁜 마음으로 병원 문을 나왔다.

길모퉁이를 돌아서는데 나도 몰래 애들같이 팔짝팔짝 뛰었다.

마구 소리도 질렀다.

다 나았다~~~.

눈물

NO
SMOKING

앞서간 친구들

세월은 유수(流水)같이 흐른다.

얼마 전 고등학교 졸업 30주년 기념행사에 다녀왔다.

머리가 하얗게 변한 친구들과 그마저도 없이 민둥산 머리가 되어버린 고교 시절의 얄개 친구들 사이에서 잠시나마 당시로 되돌아가 함께 웃고 떠들며 즐거운 시간을 보내고 돌아왔다.

그날 참석하여 얼굴을 보여야 했을 친구 중 몇몇은 참석한 친구들에 앞서 이 세상을 등지고 떠났다.

하긴 세상에 안전하지 못한 일들이 좀 많은가?

교통사고로 세상을 등진 경우는 어쩔 수가 없다 치자.

하지만 살아서도 그 자리에 함께 못한 친구도 있었다.

불행히도 암이 발생하여 현재 투병하고 있었기 때문이다.

친구들 입방아에 의하면 누구는 폐암이고, 누구는 대장암이고, 현재 아픈 사람도 많고, 전에 아팠었던 사람들도 많았다.

헤아려 보니 고등학교 3학년 때 같은 반의 친구 중 30주년 행사를 같이 못 한 채 운명을 달리한 친구가 5명이었다.

물론 내가 고등학교에 다닐 때 한 반의 학생은 60명 정도였으니 지금의 한 학급 학생 수에 비하면 두 배 정도 많기는 하지만 그래도 만 50을 넘기지 못한 숫자로는 적지 않은 숫자이다.

먼저 간 친구들 대부분이 담배를 피웠던 것으로 기억된다.

30주년 행사에 참석하기 바로 직전에 또 다른 고교 동창 친구의 부고 소식을 접했다.

나는 중학교와 고등학교의 겹 동창 친구라고 생각하며 아내에게 같이 문상을 다녀오자며 운전을 공유할 생각으로 다녀왔다.

문 상지에서 들은 고인의 사인은 폐암이었으며 암세포가 뇌로 전이되어 수술하려 했으나 의미가 없어 개복 후 바로 덮었다고 말하고 있었다.

문상 와서 상머리에 앉은 몇몇 동창 친구들도 무용담처럼 자신들의 암 발생과 수술 경험담을 말하고 있었다.

상주로 문상객을 맡고 있던 고인이 된 친구의 아들에게 몇 학년인지 물었다.

한 명은 중학생, 한 명은 고등학생이라는 대답에 목이 메어 차마 말이 나오지 않았다.

옛날 그 친구랑 함께 담배 피우며 얘기하던 모습이 눈앞을 스쳐 지나갔다.

스타의 눈물

이 글을 쓰며 가장 마음 아프게 생각되고, 어떻게 쓸지 고민하면서 써 내려가던 부분이다.

어쩌면 이 글을 다 마치기 전에 갑자기 심하게 발병하여 내가 죽을 수 있다는 생각도 해본다.

담배를 끊은 지 7년이 다 되어 가지만 아직도 담배로 인해 가끔 가슴 통증이 생기기 때문이다.

물론 처음 발병하여 병원에 갔을 당시를 생각하면 용 된 거고 덤으로 사는 인생이라고 생각하지만, 과거 전혀 아프지 않았을 때 비하면 현재 몸에 나타나는 통증은 고통 바로 그 자체일 것이다.

아침에 눈 떠서부터 저녁잠이 들 때까지 몸이 아프다는 말을 입에 달고 살아왔기 때문에, 아내는 내가 아프다는 얘기를 흘려듣는 지경이다.

자식들은 아빠가 연중무휴 꾸준히 아픈 사람쯤 여긴다.

역지사지 생각해 보면 남편이 아프다는 얘기를 입에 달고 사는데, 좋아할 아내나 가족이 있을 리 없을 것이다. 하지만 난들 몸이 아픈 걸 어찌하겠나! 참으로 신기한 일이다.

아직 죽을 정도는 아니니 살고 있겠지만, 담배 때문에 발병하여 완치하지 못한 부분이 끈질기게도 몸속 어딘가에 살아남아 다 나은 것도 아니고, 그렇다고 왈칵 당장 죽는 것도 아닌 "같기도"의 상태로 내 몸을 괴롭히고 있는 것이다.

지난 시절, 어른이 되고 싶은 욕심으로 노력하고 배워 가며 피운 담배, 멋있게 멋 낼 요량으로 피운 담배, 한때의 호기심에서 시작한 담배.

결국 그 담배의 날카롭고 질긴 올무에 걸려들어 담배에 얽힌 남아 있는 아련한 추억만을 곱씹으며, 현재의 목숨을 저울질하는 지경에 이른 것이다.

율부린너(Yul Brynner)

담배 광고 후 폐암으로 세상 떠난 헐리우드의 대스타 율 브린너(Yul Brynner, 1920~1985)도 담배의 올무에 걸렸다.

다섯 편의 영화에서 담배를 피워 주는 대가로 담배 회사로부터 50만 불을 받았으나, 이는 자신의 생명을 연기와 바꾼 대가였다.

그는 죽기 전 ABC 방송의 '굿모닝 아메리카' 프로그램에서 말했다.

'don't smoke whatever you do, just don't smoke!'

'당신이 무슨 일을 하던 절대 담배를 피우지 마시오!'

나탈리 콜(Natalie Cole)

나탈리 콜(Natalie Cole)은 1991년 아버지의 대표작인 'Unforgettable'에 자신의 목소리를 입혀 노래하여, 마치 아버지와 함께 혼성 듀엣으로 부르는 노래처럼 감미로운 리바이벌 송 'Unforgettable'을 재탄생시켰다.

그녀의 아버지, 흑인 재즈 가수 넷킹콜(Nat King Cole)은 "램블링 로즈(Ramblin' Rose)"와 같은 주옥같은 곡으로 1960, 1970년대를 풍미하며 세계인의 사랑을 받았으나 애연가였다. 그는 1965년 2월 15일, 47세의 젊은 나이에 폐암으로 세상을 등졌다.

존 윌리엄 카슨(John William Carson)

미국 NBC 방송 간판 심야 토크쇼인 '투나잇 쇼'를 30년 동안 진행했던 미국 TV 심야 토크쇼 전설 자니 카슨.

1992년 그의 마지막 방송은 5,500만 미국인이 시청하였다.

'투나잇 쇼'에서 그가 무대에 등장할 때 나오는 소개말 "히어즈 자니!"는 시청자들에게 쇼의 대명사로 여겨졌으며, 국내 AFKN에도 방송되어 국내에서도 유명한 MC였으나, 2005년 흡연에 의한 폐기종(肺氣腫)으로 숨졌다.

말보로 담배의 광고모델 웨인 맥라렌(Wayne McLaren)도 흡연으로 인한 폐암으로 세상과 등졌는데, "처음엔 담배가 사람에게 어떤 영향을 끼치는지 몰랐다"라고 말하며 "이제는 안다. 하지만 너무 늦었다"라며 담배의 해악을 인정하였다.

"누구를 위하여 종은 울리나"의 게리 쿠퍼(Gary Cooper), "돌아오지 않는 강", "엘도라도"의 로버트 미첨(Robert Mitchum), "바람과 함께 사라지다"의 클라크 게이블(Clark Gable), 만화영화의 아버지였던 월트 디즈니(Walt Disney), 이들 모두 흡연으로 인한 폐암으로 사망했다.

담배의 폐해는 여성도 비껴가지 않았다. 영화배우 수전 헤이워드(Susan Hayward), 베티 그레이블(Bette Grable), 콜린 듀허스트(Colleen Dewhurst), 오드리 메도우(Audrey Meadows), 쥬디 홀리데이(Judy Holliday), 줄리 런던(Julie London), 셀마 다이아몬드(Selma Diamond), 수퍼맨으로 유명했던 크리스토퍼 리브(Christopher Reeve)의 아내 다나 리브(Dana Reeve), 영국 왕실 엘리자베스 2세의 막내 여동생인 마가레트(Margaret) 공주도 흡연으로 인한 폐렴(肺炎)에서 발병된 폐암으로 사망했다.

남북전쟁의 승리 개선장군 "그란트(Ulysses S. Grant)"도 담배 전쟁에는 패하고, 흡연에 따른 폐암으로 죽었다. 뉴욕 필하모닉 오케스트라의 지휘자 레너드 번스타인(Leonard Bernstein)도 금연을 지휘하지 못하고 1990년 흡연으로 인한 폐암으로 사망했다.

흡연으로 유명을 달리한 유명인은 우리나라에도 많다. "담배를 끊지 않은 것을 뼈저리게 후회합니다." 이 말은 항상 밝은 모습으로 우리에게 웃음을 선사했던 코미디 황제 故 이주일 씨가 폐암 말기를 선고받고 했던 말이다. 웃음만 주던 건강했던 그의 모습을 기억하는 사람들은 그가 타지에서 불의의 사고로 사랑하는 자식을 잃었을 때도 오뚝이처럼 다시 일어나 우리에게 웃음을 베풀 것으로 믿었다. 하지만 끝내 산소 공급기를 코에 부착하고 침대에 누워 있던 그의 덥수룩한 하얀 수염과 초췌한 얼굴을 마주하게 되었고, 마지막 힘든 몸을 이끌고 카메라 앞에 금연 홍보 대사로 서서 자신의 흡연 이력 고해성사와 마지막 당부를 뒤로 하고 2002년 8월 27일 세상을 떠났다.

"담배 맛있습니까? 그거 독약입니다." 폐암 투병 중이었던 이주일 씨의 금연 광고 방송 내용이다. 그는 TV 광고에서 병색이 완연한 모습으로 기침을 해가며 "담배 맛있습니까? 그거 독약입니다. 저도 하루 두 갑씩 피웠습니다. 이젠 정말 후회됩니다."라며 진심으로 금연할 것을 호소했다.

그는 이어 "일 년 전에만 끊었어도 말입니다"라고 다시 후회하며 "흡연은 가정을 파괴합니다"라고 담배의 해악을 강조하였다. 화면에는 그가 건강했을 때 춤추는 모습과 1986년 아시안게임 때 성화를 봉송하던 모습 등을 투병 중인 모습과 대비시켜 보여주며 그의 떨리는 목소리를 통해 금연의 필요성을 절실히 알리려 했다.

담배 끊으세요! 스트레스도 받지 마시고요!

『폐암 투병 탤런트 이미경 씨, 천국으로… 2004년 4월 11일 사망』 그녀 역시 흡연에 대해 뼈저린 후회를 하며 금연을 당부했다. 그녀가 팬들과 가족에게 남긴 유언은 '금연과 마음의 평화'였다. 당시 영안실을 지켰던 그녀의 오빠는 언론과의 인터뷰에서 "생전에 동생이 '꼭 담배 끊어라.'라고 말했는데 그 약속을 지키지 않아 내내 마음에 걸린다"라고 한탄하며, 자신도 "오늘부터 담배를 끊었다."라며 이것이 동생 이미경의 '마지막 부탁'이었다며 슬퍼하였다.

우리나라 유명 연예인들의 흡연에 의한 잇단 폐암 사망으로 인해 한때는 많은 사람이 앞으로 금연하지 않으면 이렇게 죽을지 모른다는 경각심을 가지게 되었고, 이때 한동안 불붙었던 금연 열풍으로 성급한 이들은 전매청이 조만간 문 닫을지 걱정해야 할 것까지 생각됐다.

그러나 시간은 다시 흐르고 망각의 무심한 세월에 파묻혀 세상을 떠나버린 그들의 눈물 어린 당부는 잊혀가고, 흡연자들은 다시금 담배를 피우면서 담배가 정신 건강에 좋다는 이유로 자신의 생명을 담보로 맡긴 채, 누구도 책임지지 못할 무책임한 흡연 논리를 뿌리고 있다.

젊을 때 끊어야 한다

담배 저승사자가 유명인이라고 비켜 가는 법이 없음을 보았다. 요즘과 같은 유전무죄 무전유죄 시대에 참 공평하다. 우리가 보기에 저런 유명인들은 세상에 부러운 것이 없고, 우리가 가지지 못한 모든 것을 갖고 다 이룬 것으로 생각했지만, 정작 하늘이 내린 천수(天壽)를 누리지 못하고 담배에 무너져 세상을 등졌다.

이게 바로 젊은 사람들이 꼭 담배를 끊어야 하는 피할 수 없는 이유다. 천수를 누리지 못하고 젊은 나이에 죽는 것을 요절(夭折)이라 부른다.

전쟁에 나가 나라를 위하여 장렬하게 전사한 것도 아니고, 급작한 죽음에 대비해 남은 가족에게 많은 보험금을 남긴 것도 위험에 처한 누구를 구하려다 의롭게 죽은 것도 아니다. 다만 담배의 해악을 그다지 심각하게 느끼지 못하였을 뿐, 끊어야겠다고 생각만 하다가 미처 담배를 끊지 못했을 뿐, 설령 담배의 해악을 알았다. 하더라도 담배로 인한 발병을 남의 이야기쯤으로 나와는 상관이 없을 것으로 생각했으나, 운 나쁘게도 담배로 발병하여 결국 병에 져서 죽는 것이다.

담배로 아프고, 발병하여 죽는 것이 누구를 위한 것인가? 이를 심각하게 생각해 볼 필요가 있다. 담배 때문에 죽음에 대해 준비도 하지 못한 채 급작스레 생을 마감해야 한다고 생각해 보라.

그대가 그런 입장에 갑자기 놓인다면 오늘 무엇을 할 것인가? 주변 정리는 잘 되어 있는가? 남겨질 가족들은 평안할까? 자신이 죽음으로 인하여 누가 가장 억울할 것이며, 자기 죽음을 누가 가장 애통해할 것인가 생각해 보라! 아마 할 일을 많이 남겨놓고 계획이 많았던 그대일 것이다.

이런 예기치 못하고 준비되지 않은 생의 갈림길에 서야 할 시기가 학교에 다니다가 또는 직장을 잡은 직후에, 아니면 결혼하여 첫애 돌을 앞두고 발생하였다고 하자! 아마 억울하고 가슴 찢어지는 심정을 주체할 수 없을 것이다. 시간을 조금만이라도 뒤로 돌리고 싶어질 것이다. 공상과학 영화 속의 타임머신이 정말 필요하다고 느낄 것이다. 하지만 그대가 할 수 있는 일은 정말 아무것도 없다.

운 좋게도 나름대로 세상을 만족스럽게 충분한 나이까지 큰 잘못 없이 살아온 사람이라면 찾아온 죽음의 그림자를 담담히 맞을지 모르겠지만, 충분히 나이가 들었다는 것만으로 그렇게 할 수 있을까? 젊든지 그렇지 않든지를 막론하고, 죽음 앞에 초연할 수는 없을 것이다.

특히 흡연자들이 생활의 일부로 알던 담배 탓에 돌연 죽음을 맞아야 한다면 너무도 허망한 일일 것이며, 믿는 도끼에 자기 발등 찍힌 것일 거다.

내가 젊었던 시절에는 담배를 피워야만 어른이 되는 것으로 인식되던 때가 있었다. 어른으로 가는 과도기의 경계선 같은 역할을 불행하게도 담배가 하고 있었으며, 이런 사회 분위기는 분명히 존재하였다.

시외버스에서 담배를 피우는 어른들을 당연하게 생각했다. 담배 연기를 견디지 못하고 불평하던 몇몇의 질책은 그야말로 불평거리의 '깜'도 되지 못했다. 어디 이것뿐인가? 비행기에서도 흡연할 수 있었다. 말만 금연석이지 칸막이가 없는 비행기의 금연석은 기내의 공간을 따라서 흡연석의 담배 연기가 끊임없이 금연석으로 흘러 들어왔었다.

물론 극장에서도 당연하게 담배를 피웠다. 상영되는 영화는 앞자리에서 피워 올린 담배 연기는 담배 연기의 그림자와 함께 스크린에 투영되곤 하였다. 나의 어린 시절 우리 사회 속의 담배는 어른의 전유물이라는 인식과 함께 생활의 한 축을 유지하고 있었다.

고교 시절 국어 교과서에 우보(牛步) 민태원 선생의 '청춘 예찬'이라는 단원이 있었다.

> **'청춘 이는 듣기만 하여도 가슴이 설레는 말이다. 청춘! 너의 두 손을 대고 물방아 같은 심장의 고동을 들어보라. 청춘의 피는 끓는다. 끓는 피에 뛰노는 심장은 거선(巨船)의 기관같이 힘있다. 인류의 역사를 꾸며 내려온 동력은 꼭 이것이다.'**

이 글은 대학 입시에도 자주 나왔기 때문에 이 문장을 달달 외워야만 국어 선생님의 무서운 대나무 뿌리 회초리 예봉(銳鋒)을 피해 갈 수 있었다.

선생님께서는 수업 시간에 입가에 침을 튀겨가면서 청춘의 뜨거움과 소중함. 그리고 가치를 진심으로 알려주고자 찬미를 줄줄이 늘어놓으며 설명하였지만, 정작 그 청춘의 가치를 선생님의 설명을 통해 느꼈던 학생이 당시엔 없었던 것 같다.

그 당시 우리가 느끼지 못했던 청춘의 가치와 소중함을 아는 분은 교실 안의 국어 선생님뿐이었겠지만, 이를 제자들에게 알려주기 위하여 진심으로 노력하셨던 것을 비로소 나이 든 후 알 수 있었다.

이렇게 누군가가 나에게 가르침을 주려고 설명과 설득을 해가면서 많은 노력을 하고 있다는 것은 어쩌면 자신에게는 자신을 찾아온 최대의 기회일 수 있다.

자신에게 금연의 필요성을 성실하고 진지하게 깨우치려는 설명은 미래 자신이 짊어질지도 모르는 막연한 고통과 절망을 미리 예방하는 준비에 대한 선택의 기회일지 모른다. 하지만 이를 금연하기 위한 선택의 준비로 받아들이느냐, 귀에 흘려들어 허공에 메아리로 남게 하느냐의 선택은 결국 흡연자인 당신 자신이 하는 것이며, 그 결과는 최종 자신이 책임지는 것이다.

교회 목사님들의 설교 중 예수님의 존재에 대한 믿음의 필요성을 설명할 때 예수님의 존재와 부활의 존재를 자신의 두 눈으로 확인하고서야 믿은 예수님의 제자 도마의 이야기가 회자(膾炙)된다.

예수님께서는 도마에게 나를 보지 않고 믿는 믿음이 복된 믿음이라 말씀하였다. 이와는 다른 성격의 믿음일지 몰라도 흡연의 경험을 통하여 흡연이 주는 해악에 대하여 흡연 선배로 이미 몸을 망쳤던 사람이 진심으로 설명하는데 자신이 흡연자임에도 까짓것 나와는 상관없는 일쯤으로 여긴다든지, 남이야 아프든 말든 이라 여기며 진심 어린 설명을 외면하려 한다면 이는 자신의 주변에 대한 자신의 도리를 책임지지 않는 무책임한 행위와 다름없을 것이다.

진심 된 금연의 권고를 무시한 흡연자의 최후는 발병한 후에 자신이 짊어질 고통에 대해 자신이 그 끝을 사전에 알았음에도 이런저런 이유로 금연의 권고를 무시하고 담배를 피워서 최종 정착지인 사망으로 다가선 후 죽음을 눈앞에 두고 뿌릴 흡연자의 눈물, 그것이다.

착각

NO
SMOKING

착각

내가 담배를 즐겨 피우던 시절에 담배의 영양 가치를 비타민-Z라고 부르며 나의 흡연에 대한 당위성을 주장했던 기억이 난다.

많은 흡연자는 담배가 '백해무익(百害無益)'하다는 말을 애써 외면한다. 애연가들에게는 담배를 피워야 하는 나름의 논리가 있다. 또한 나름의 의학적 견해와 담배 피우는 기술을 가지고 있다. 그래서 자신의 논리대로라면 안전하리라 생각하며 살아간다. 하지만 그러한 흡연자들의 생각은 그들이 가진 불안한 심정을 잠시 옆으로 비켜 놓고 싶은 자신의 변명일 뿐이다.

연말연시 어김없이 등장하는 새해 다짐 중의 하나가 금연이다. 정부도 국민의 건강에 관한 관심과 금연의 필요성을 들어가며 국민의 금연을 도와주려는 듯이 담뱃값을 올리는 추임새를 통해 악어의 눈물로 미소 짓는다. 흡연자들은 정부가 발표하는 담뱃값 인상에 대하여 애연가의 주머니를 터는 조세 기법을 통한 강도질이라 비난하지만, 이들 역시 흡연이 '백해무익'하다는 사실을 잘 알고 있다.

많은 사람이 금연을 생각하고 시도하지만, 실제 성공하는 사람보다는 실패하는 사람이 더 많다. 전문가들이 말하는 통상적인 확률은

1/300이다. 이는 300명이 시도하여 1명이 끊는다는 통계의 다른 표현이다. 결국 그만큼 금연이 어렵다는 얘기 아니겠는가?

하지만 이를 바꿔 생각하면 담배를 끊기가 매우 어렵지만 담배를 끊겠다는 시도를 300번 하든지 금연 시도 후 흡연의 유혹을 300번 참아내면 성공할 수 있다는 억지 말로도 해석할 수 있다. 즉, 시도하면 금연은 가능하다는 긍정적인 얘기이다.

해마다 신년이 오면 주먹을 불끈 쥐며 신년에는 꼭 담배를 끊겠다는 각오를 한 사람들을 위하여 잘못 알려진 흡연 상식과 금연의 필요성에 대하여 짚어본다.

담배를 끊지 않는 사람 중 몇몇은 담배를 끊지 못하는 이유로 담배를 끊으면 살이 찌기 때문에 체중 조절을 위하여 못 끊는다고 한다. 특히 담배를 피우고 있는 여성의 경우 담배를 끊으면 살이 찐다는 생각을 거의 집착에 가깝도록 신념처럼 마음에 지닌 경우가 많다.

과연 담배를 피우면 살이 빠지는 것일까? 담배가 신진대사를 맡는 중추신경을 조절하여 체중을 줄인다거나 기타의 이유로 살이 찌지 않는다고 생각하는 사람들도 많다. 하지만 최근 언론에 보도된 여성의 흡연 여부에 따른 체형 조사 결과에 의하면, 담배를 피우는 쪽의 복부비만이 더 많이 나타났다고 한다.

남자도 이와 비슷한 유형을 나타낸 것으로 보도되어 있다. 아주대병원이 1996~1998년까지 건강 검진을 받은 30~50세 남성 1,418명에 대하여 조사된 허리둘레의 체형을 분석한 결과, 흡연자의 허리둘레는 평균 90.7cm로, 비흡연자는 87.7cm로 나타나 흡연자의 허리둘레가 비흡연자와 비교하면 평균 3cm 정도 큰 것으로 나타났다.

이는 의학적으로 볼 때, 흡연이 부신피질 호르몬의 분비를 촉진해 복강 내에 지방 축적을 유도하기 때문으로 설명된다. 결국 흡연은 살을 빼주는 것이 아니라 배불뚝이로 만든다는 것이다.

이 밖에도 흡연자가 담배를 끊으려 담배를 피우지 않는 동안 금연에 따른 몸의 정상화로 활발한 신진대사가 이루어지거나 흡연의 유혹을 참기 위하여 군것질하는 등의 이유로 인해 단기적으로는 살이 찌는 것 같을 수 있으나, 이를 왜곡하여 흡연이 비만을 억제하는 듯한 착각은 흡연으로 몸에 축적되는 온갖 성분의 독약 때문에 우리 몸이 밥맛을 잃고 원활한 신진대사를 못 하여 영양 공급을 받지 못함으로, 결국 정상적으로 유지되어야 할 살이 유지되지 못해 필연적으로 발생하는 제살깎아먹기 식의 자살 행위에 불과할 뿐, 흡연이 비만을 억제하거나 다스린다는 등의 생각은 착각이라는 것이다.

순한 담배

담배를 피우던 시절, 건강을 생각한다며 타르 함량이 적은 순한 담배를 찾곤 했다. 순한 담배가 흡연 폐해를 조금이라도 줄여주리라 생각해서이다.

저니코틴이니 저 타르니 하며 담배 이름 앞에 붙은 마일드나 라이트 등의 허울 좋은 이름은 독약의 진실을 은폐하고 순한 영양제 같은 느낌을 주며 흡연자들의 다치기 싫어하는 나약한 애연가의 군중 심리를 교묘히 파고든다. 따라서 나는 순한 담배를 피우니까 괜찮다는 생각은 지극히 위험하다.

순한 담배라고 광고되는 담배들은 한 개비당 타르나 니코틴 함량이 없다는 뜻이 아닌, 다른 일반 담배보다는 다소 적게 함유되어 있음을 뜻한다. 하지만 담배에는 니코틴과 타르 외에도 수천 가지의 발암물질이 함유되어 있다. 즉, 타르와 니코틴 함유량이 적다고 다른 발암물질까지 적게 함유된 것은 아니다.

내가 담배를 사랑했던 시절을 돌이켜 생각해 보면, 실제로 건강을 위한답시고 순한 담배를 사서 피운 후, 어째 담배를 피운 것 같지 않다고 생각했었다. 그래서 담배를 피운 후 곧바로 담배를 한 대 더 피운다든지, 아니면 원래 피우던 조금 독한 담배를 다시 한 대 피우곤 하였다.

지금 생각해 보니, 순한 담배를 피운다는 것이 결국 폐에 쌓이는 니코틴과 타르 및 각종 독소의 축적 시간을 약간 연장한 것일 뿐, 독성의 축적량을 줄이지는 못한다는 사실이다.

오히려 순한 담배를 피운 후 다시 담배를 피우는 예도 있으므로, 순한 담배를 피우는 것이 안전하다고 하기는 단정하기 어려울 것이다.

독약을 나누어 조금씩 먹는다고 보약이 되는 것은 아닐 것이며, 야사에 나오는 조선시대 왕의 독살을 위한 느린 살인 탕약에 지속해서 주입했던 독약, 바로 그것일 것이다.

금연 스트레스

금연하면 질병의 위험에서 바로 벗어날 수 있을까? 물론 그랬으면 좋겠지만 실제로는 그렇지 못한 것 같다. 많은 사람이 금연한 후 3~4년 정도가 지나면 폐암 등의 치명적인 질병에서 완전하게 벗어나 자유로울 수 있을 것으로 생각한다.

하지만 최근의 연구 결과(각주 국가암정보센터 - 흡연과 금연 https://www.cancer.go.kr/lay1/S1T204C205/contents.do)에 따르면 금연 후 10년 정도까지도 질병 발생의 위험이 상당히 큰 것으로 나타났다. 그러므로 되도록 빨리 담배를 끊어야 하지 않을까?

내가 많은 담배를 피우던 시절에 어머니께서 아버지가 금연하셨던 얘기를 내게 하셨다. 아버지가 담배를 끊으신 지 5년이 넘었는데도 속옷을 빨 때면 담뱃진이 러닝셔츠에 묻어나와 누렇게 된다고 하시며 담배가 독하다는 얘기를 나에게 하시곤 했다. 실제 내가 담배를 끊고서 후각이 아주 예민해졌을 때의 느낌으로 생각해 봐도 금연 후 몇 년간 몸에서 담배의 체취가 배어 나오는 것을 경험하였다.

"나는 술 마실 때만 피우니 괜찮아." 평상시는 담배를 잘 피우지 않다가도 술자리에 가면 어김없이 담배를 드는 사람들이 있다. 하지만 음주할 때의 흡연은 더욱더 치명적인데, 이는 니코틴이 알코올에 잘 용해되기 때문이다.

평상시에는 니코틴이 체내에 약 30% 흡수되나, 술을 마실 때는 거의 100%가 체내에 흡수된다고 한다. 알코올로 인해 간의 활동이 바쁘게 돌아가는 상황에서 알코올로 쉽게 흡수되는 니코틴까지 들어온다면 간은 더욱 무리할 수밖에 없다.

전문가들에 의하면 흡연자들의 경우, 심장, 폐, 구강, 목, 식도 질환 등의 발병 가능성이 비흡연자보다 담배만 피우는 경우는 7배, 음주하는 경우는 6배, 술과 담배를 같이 하면 40배 정도 증가하며, 각종 암에 걸릴 확률도 따라 증가한다고 한다.

대표적인 금단 증상으로 인식되는 '변비'도 마찬가지다. 특히 여성 애연가들은 담배가 대장 운동 촉진으로 변비를 해소한다고 믿고 있다. 하지만 의학적으로 흡연과 대장 운동과는 뚜렷한 상관관계가 없다고 한다. 전문가들은 이런 현상을 조건반사로 설명하는데, 즉 화장실을 이용할 때마다 흡연하던 습관이 자기도 모르게 뇌에 인식되어서 담배를 물어야만 마려움이 느껴지도록 인체가 적응된다는 것이다.

금연하면 살찐다는 소문도 사실이 아니다. 니코틴이 약하게 지방 분해를 활성화하는 효과는 있지만, 장기적으로는 오히려 비만을 초래한다.

일부 흡연자는 '뻐끔담배'를 피우면 안전할 것으로 생각한다. 하지만 뻐끔담배 역시 입술암, 구강암 등을 발생시키므로 안전하지 않다. 뻐끔담배라도 소량의 담배 연기는 인체 내로 흡수된다. 따라서 흡수되는 담배 연기는 기관지 점막을 마르게 하고, 혈관을 수축시켜 기관지를 훼손한다.

뻐끔담배는 암 발생의 직접 부위를 폐에서 구강으로 바꿨을 뿐, 발생률에서는 크게 다르지 않으며, 오히려 입안의 산소 농도를 줄임으로써 잇몸병의 원인인 혐기성 세균을 증식시키게 되고, 이는 구취 발생으로 이어진다.

스트레스로 인해 담배를 피운다는 사람은 곳곳에 많이 있다. 많은 애연가가 담배를 끊지 못하는 첫 번째 이유로 스트레스 해소를 꼽는데, 스트레스를 받을 때 담배를 피우면 거짓말처럼 속이 차분히 가라앉는다는 것이다. 과연 담배를 피우면 스트레스 해소에 도움이 될까?

결론은 절대 그렇지 않다. 담배를 피우면 니코틴 성분 때문에 일시적인 각성 효과가 나타나기는 하지만, 이는 스트레스 해소와는 전혀 상관없다.

흡연자에게 담배를 피우고 싶은 욕구는 오히려 스트레스로 작용한다. 이렇게 스트레스를 받게 되면 스트레스와 금단 증상이 뒤섞여 흡연 욕구가 생기는데, 이때 담배를 피우면 니코틴 금단 증상이 사라지면서 담배를 피우고 싶은 욕구가 해결되기 때문에 스트레스가 해소되는 것처럼 느껴질 뿐이다.

즉, 흡연자들이 말하는 담배를 피워 얻는 스트레스 해소는 느낌의 착각으로, 니코틴 중독 증상의 일시적인 해소일 뿐이다. 애초에 담배를 피우지 않았더라면 생기지도 않았을 스트레스인 흡연 욕구로 인한 스트레스만을 겨우 해소한 것일 뿐, 정작 자신이 업무나 기타 상황으로 인해 가진 스트레스는 실제로 조금도 해소되지 않았다는 점을 알아야 한다.

간접흡연

내가 담배를 피우던 시절에는 정말이지 눈곱만큼도 내가 피운 담배 연기가 담배를 피우지 않는 이들에게 나쁜 영향을 줄 거로 생각지 못했다. 처음 서울 생활을 시작하였던 시절에 어린 자식들을 차에 태우고 시골에 내려갈 때마다 운전석에 앉은 나는 운전석 옆 창을 내리고 아무렇지도 않게 스스럼없이 담배를 피워대곤 하였다.

뒷자리에 앉은 아내와 딸아이는 연기 때문에 멀미가 난다고 불평하였지만, 아빠의 권한으로 이를 일축하고 담배를 피웠으며 이에 한술 더 떠서 아빠는 어려서 담배 피우는 한방에서 할아버지, 아버지, 손자까지 삼대가 같이 생활했다고 가족들이 원치 않았던 설명까지 친절하게 곁들이곤 했다. 지금 생각하니 너무 후회스럽고 가족들에게 미안하다.

비흡연자도 간접흡연을 하면 암에 걸리기 쉽다. 간접흡연에 노출된 비흡연자의 폐암 발생률은 24%나 높아지며 심장질환을 앓는 사람은 병세가 악화되고 천식 환자는 간접흡연으로 심각한 피해를 입을 수 있다.

이러한 간접흡연은 영아의 돌연사를 유발하기도 하는데 어린이가 어른보다 유독물질의 영향을 민감하게 받기 때문이다. 어린이가 간접흡연에 노출되면 기관지염(氣管支炎), 폐렴(肺炎)에 걸리기 쉽고 만성 중이염과 천식의 발병 확률이 높아진다. 배우자를 흡연자로 가진 사람은 그렇지 않은 사람에 비해 폐암 발생률이 30%, 심장병 발생률은 50%가 더 높은 것으로 보고되고 있다.

담배 피우는 양을 줄여가면서 담배를 끊겠다는 것은 담배를 끊지 않겠다는 의지의 표현과 같은 바로 그것이다. 따라서 담배를 끊겠다고 결심한 사람은 담배를 끊겠다고 결심한 후 주변의 정리를 하고 나면 갑자기 뚝 하고 담배를 끊는 것이 가장 좋다.

금연에 성공하려면 그 첫 단계로 담배와 관련한 주변의 모든 것을 치워야 한다. 담배, 라이터, 성냥, 재떨이, 파이프와 같이 흡연과 직접 관계되는 물품은 당연히 치워야 하며, 흡연 욕구를 일으킬 소지가 있는 것은 무엇이건 미련 없이 쓰레기통에 던져야 한다.

두 번째로는 담배를 대신할 대용품을 주변에 두는 것이 좋다. 맑고 시원한 물을 자주 마실 수 있도록 조치하는 것도 좋으며, 껌이나 사탕 등을 주변에 두어 입이 심심할 때 먹는 것도 좋다. 내 경험으로 믹서용 커피를 마시면 바로 흡연 욕구를 느꼈었다. 원두용 커피를 묽게 마시는 것이 흡연 욕구를 낮추는 데 좋다.

금연을 시작한 사람들이 가장 참기 어려운 것이 금단 증상의 극복이다. 금연을 시작한 후 처음의 3일을 넘기는 것이 가장 어렵다고들 말한다. 이는 금단 증상 때문인데, 이러한 금단 증상은 금연을 시작한 후 처음 2~3일간이 가장 심하며, 3일이 지난 이를 기점으로 서서히 잦아든다는 사실을 제대로 아는 이는 그리 많지 않다.

대개 금단 증상은 보름을 전후하여 그 장막이 거의 걷히게 된다. 또 한 달 정도면 거의 모든 증상이 사라진다고 해도 과언이 아니다. 물론 이때도 흡연 욕구는 여전히 도사리고 있다.

그러나 금연 기간이 길면 길수록 이런 욕구는 단지 순간적인 것에 그친다. 즉 3~5분만 참아내면 더 이상의 괴로움은 없는 셈이다. 금연을 실천하기 위해서는 콜라나 사이다 같은 자극성 음료나 술, 커피 등은 피하는 것이 좋다. 흡연 욕구를 자극하기 때문이다.

5월 31일은 세계 금연의 날로, 세계보건기구(WHO)가 '연기 없는 사회(smoke free society)' 조성을 목표로 만든 이날은 세계 속 금연 열풍의 확산을 느낄 수 있게 해준다.

늦었다고 생각할 때가 가장 빠르다는 옛말이 있다. 흡연자들은 이 말을 깊이 생각해 봐야 할 것이다. 하루라도 더 빨리 담배를 끊는 것이 자신을 지킬 수 있는 가장 현명한 방법이자 유일한 방법임을 깨달아야 한다.

또한 한 번 금연을 시작한 사람들이라면 두 번 다시 담배를 입에 댈 생각을 안 하는 것이 최선의 길이다. 수 세기 동안 인류의 기호품으로 사랑을 받았던 담배, 이제 유해성을 알면서도 아직도 기호품으로 여기면서 담배를 끊지 못한다는 것은 지독한 오만(傲慢)이 아닐까?

해부 解剖

NO
SMOKING

조직도 組織圖

담배를 끊어야겠다는 생각을 한 번이라도 해본 사람이라면, 왜 담배가 끊기 어려운데도 불구하고 꼭 끊어야 하는지를 담배에 대한 해부학적 설명을 통해 가슴속에 담아둘 필요가 있다.

담배는 블렌딩 된 엽연초와 이를 감싸는 담배 종이와 필터로 나뉜다. 엽연초와 이를 감싼 연초 부위는 담배의 맛을 결정하는 부분이고, 필터 부위는 연초의 성분을 걸러 담배의 맛을 좋게 하는 부분이다.

연초 부는 연초(담뱃잎)와 궐련 지로, 필터 부는 필터와 팁 페이퍼로 구성된다. 담배는 세계 각국에서 재배되는 여러 종류의 엽연초를 섞어 만드는데, 담배의 맛은 담뱃잎의 배합 비율과 블렌딩 방식에 따라 달라진다. 담배를 블렌딩하는 방식에는 미국식, 영국식, 유럽식, 터키식의 네 가지가 있으며, 우리나라는 미국식 블렌딩 방식으로 담배를 만든다.

담배 종이는 담배가 타는 속도를 조절하기 위해 통풍성이 있는 특수 재질을 사용한다. 섬유질 물질로 만들어진 필터는 흡입되는 담배 연기의 양을 줄이고, 입속으로 담뱃가루가 빨려 들어오는 것을 막는다.

그러나 중요한 사실은 담배가 어떤 맛을 내든지 간에 입속 미각에 변화를 줄 뿐, 근본적인 담배의 독성이 변하지 않는다는 점이다. 또한, 필터가 어떻게 담배 연기의 양을 줄이든지 간에 결코 흡연자의 폐 속으로 들어오는 담배 연기를 막을 수 없다는 사실이다.

자기 몸을 산화시키면서 만들어지는 담배 연기는 처음에는 흡연자에게 만족을 주는 듯하지만, 결국 흡연자를 죽음에 이르게 한다. 이는 담배 연기가 세상에서 가장 복잡한 독성 화합물 중 하나이기 때문이다.

담배에는 2,500여 종류의 화학물질 성분이 포함되어 있으며, 불이 붙어 연소하면 2차 화학작용으로 4,000가지 이상의 물질이 생성된다. 이렇게 2차로 생성되는 물질들이 바로 많은 독성을 가진 발암물질이다.

2차 생성물은 연소 시 산소량과 외부 조건에 따라 복잡하게 다양하게 나타난다. 이러한 2차 생성물 중 **니코틴, 타르, 일산화탄소** 세 가지가 가장 악명 높다.

이 밖에 담배 연기에 포함된 인체에 해로운 성분으로는 귀에 익은 이름들이 있다. 예를 들어, 이산화탄소, 나이트로사민, 질소 화합물, 사이안화수소, 암모니아 등이 있으며, 미립자 성분의 유해 물질로는 석탄산, 폴로늄 210(방사성 물질), 비소, 크레졸, 사이아나이드, 벤조피렌, 아크롤레인 등이 있다.

니코틴

니코틴은 휘발성이 강하고 독성이 강한 기름 성분의 액체로, 원래 담황색이지만 빛이나 공기와 접촉하면 쉽게 산화하여 갈색으로 변한다. 담배를 피울 때 뇌에 직접적인 영향을 미치는 것이 바로 니코틴이다.

흡연자가 장시간 흡연을 참으면 뇌의 혈중 니코틴 농도가 낮아지게 되는데, 이때 뇌는 불안감과 초조감 등 여러 가지 금단 현상을 나타낸다. 이러한 금단 현상은 흡연자가 더욱 절실하게 담배를 찾게 만든다. 니코틴은 환각 물질의 일종으로, 척수에 있는 신경을 교란하기도 한다. 니코틴의 독성은 단순히 해로운 정도를 넘어 인체에 치명적인 극약과 같은 성분으로, 일반적인 상식을 뛰어넘는 최악의 독이다.

이를 수치로 증명해 보면, 일시에 60mg의 니코틴을 혈관에 투입하면 사람이 사망한다. 보통 흡연자가 한 모금의 담배 연기를 들이마시면 0.1~0.2mg의 니코틴이 체내에 흡수된다.

따라서 담배 한 개비를 열 모금에 피운다고 가정하면, 담배 한 개비로 최소 1mg의 니코틴이 폐에 축적된다. 이 축적된 니코틴이 일시에 혈액으로 이동한다고 가정할 경우, 담배 세 갑, 즉 60개비의 담배를 연속으로 피울 때 축적된 니코틴의 양만으로도 사람을 사망에 이르게 할 수 있다는 결론이 나온다. **60개비를 연속으로 피워 사람을 죽일**

수 있는 기능을 가진 제품이라면, 담배는 실로 엄청난 독성을 가진 독약이라 할 수 있다.

또한 60개비가 아니라 600개비, 혹은 6,000개비, 한 발 더 양보하여 60,000개비를 피웠을 때 사람을 죽이는 독이라 할지라도, 니코틴은 명백히 독약이다. 이론적으로 3갑의 담배를 피워 흡입되는 니코틴의 양이 자신을 사망에 이르게 할 수 있는 치명적인 독의 양이라면, 과연 담배를 피워야 할 이유가 있는지 다시 한번 심각하게 고민해 보아야 한다.

흡연자가 자신의 건강을 위해 시간 간격을 두고 담배를 피운다 해도, 혹은 하루에 한두 개비만 피운다 해도 결국 니코틴이라는 독약을 혈액에 공급하는 행위는 변함이 없다. 담배의 니코틴은 폐로 들어가는 독약일 뿐이며, 이는 단지 독약을 나누어 섭취함으로써 사망에 이르는 시간을 조금 늘릴 뿐이다.

니코틴이 인체에 미치는 또 다른 해로운 영향 중 하나는 모세혈관과 말초혈관에 수축 작용을 일으켜 혈압을 일시적으로 상승시키는 것이다. 담배 한 개비로 혈압이 20~30mmHg 상승하는 것으로 알려져 있다. 또한, 니코틴은 혈관 벽에 플라크를 일으켜 동맥경화를 촉진한다. 플라크는 치아에 세균이 번식하여 생기는 끈적한 막을 말하는 것으로, 니코틴으로 인해 혈관 벽에 플라크가 생기면 혈관의 단면적이 축소되어 혈관 내 혈액의 원활한 소통을 방해한다.

이를 종합해 보면, 니코틴은 혈관을 좁게 만들고 혈압을 상승시킴으로써 신체 내 원활한 혈액 순환을 방해한다. 그 결과로 나타나는 부작용은 빈혈, 뇌의 산소 부족, 현기증 등을 포함한 수많은 건강 문제로 이어진다. 담배 중독은 흔히 니코틴 중독이라고 불리며, 이 중독 현상은 니코틴이 뇌의 쾌락 중추에 영향을 미쳐 도파민이라는 신경전달물질 분비를 활성화하여 쾌락을 유발하기 때문이다.

니코틴의 쾌락 중추를 자극하는 중독성은 여타의 물질에 비하여 매우 강력하다. 쾌락 중추를 자극하여 의존성을 갖게 하는 중독성 물질을 투여하는 방법은 여러 가지가 있는데, 그 효능은 투여 후 효과가 나타나기까지 걸리는 시간, 즉 전달성, 그리고 발생하는 자극 효과(자극강도)에 따라 평가된다.

쾌락 중추에 도달하는 전달성의 평가 자료에 따르면 약물을 구강으로 복용했을 때 그 효과가 뇌에 전달되는 시간은 약 30분 정도이며, 코의 점막을 통해 섭취했을 때는 약 4분 정도가 걸린다. 정맥주사로 섭취했을 때는 뇌로 전달되는 데 20초 정도 소요되나, 기체 상태로 흡입할 때는 약 7초 만에 전달된다고 알려져 있다.

흡연은 니코틴을 담배 연기의 기체 형태로 섭취하는 방식이므로, 니코틴은 단 7초 만에 뇌의 쾌락 중추에 도달할 수 있어 강력하고 빠른 중독 효과를 가지는 것으로 평가된다.

다음으로 자극의 효과는 약물이 전달되는 횟수에 의해 결정된다. 담배의 경우 약물 투입과 같은 방식으로 간주해 살펴보면, 일반적으로 하루에 한 갑(20개비)의 담배를 피우는 사람이 한 개비를 10회 정도 빨아들이며 피운다고 가정하면 이는 하루에 약 200번 약물을 흡입하는 것과 같다. 이를 1년으로 환산하면 약 73,000회에 이른다. 어떤 약물도 1년에 수만 번 투여하기는 어렵다. 하지만 담배는 이처럼 빈번한 니코틴 공급을 가능하게 하니, 니코틴이 담배를 통해 얼마나 심각한 중독성을 가질 수 있는지 알 수 있다.

흡연 시 니코틴 흡입이 뇌에 이르는 시간과 전달 횟수를 고려할 때, 니코틴은 마약 이상의 강력한 중독성을 가진 물질이라 할 수 있다.

주변의 흡연자를 관찰해 보면, 방금 담배를 피웠음에도 연이어 담배를 물고 있는 모습을 쉽게 볼 수 있다. 특히 심각한 이야기를 하거나 술을 마실 때는 이런 연쇄 흡연의 증상이 더욱 심해진다. 따라서 니코틴 중독 환자의 치료에서는 '술꾼 골초'를 재발 가능성이 가장 높은 집단으로 간주한다고 한다. 실제로 니코틴 의존 환자들 대부분은 음주 중에 흡연 욕구를 더 강하게 느낀다고 보고된다. 이는 알코올이 쾌락중추에 작용하여 도파민을 증가시키면, 니코틴으로 도파민을 추가로 증가시키려는 욕구를 자극하기 때문이다.

따라서 알코올과 니코틴 문제를 동시에 가진 경우, 두 문제를 동시에 해결하는 것이 가장 효과적이라고 알려져 있다.

니코틴은 강력한 중독성을 가지고 있어서 금연을 시도하는 사람이 자신의 의지로만 담배를 끊을 확률은 매우 낮다. 이는 니코틴 중독이 단순한 습관이 아닌 만성적이고 치명적인 뇌 질환으로 간주되기 때문이다. 뇌의 쾌락 중추는 정해진 양의 니코틴 자극을 필요로 하며, 흡연자는 끊임없이 니코틴을 체내로 공급하지 않으면 불안정한 상태에 처하게 된다.

예를 들어, 하루에 한 갑의 담배를 피우던 사람이 금연을 위해 흡연량을 하루 다섯 개비로 줄였다 하더라도, 뇌는 한 갑 분량의 니코틴을 요구하게 된다. 이 때문에 흡연자는 다섯 개비를 피우는 동안 더욱 깊이 담배 연기를 들이마시고, 더 오래 피우게 된다. 이는 결과적으로 몸에 더 많은 독성물질을 들이마시는 원인이 된다.

니코틴은 발암물질로 의심받아 왔으나, 현재까지의 연구 결과(각주 대한폐암학회 - 담배의 구성성분 https://lungca.or.kr/general/nosmoke/?dep_num=2&doc=ingredient)에 따르면 니코틴 자체는 발암물질로 분류되지 않는다. 그러나 '담배=암=니코틴'이라는 인식이 퍼져 있으며, 일부 사람들은 이를 지적하며 니코틴이 억울하다고 주장할 수도 있다. 니코틴이 심리적 안정감을 제공하는 약리 작용을 한다는 의견도 있지만, 이는 결국 중독성과 습관성을 유발하여 담배를 끊기 어렵게 만드는 주요 원인이 된다.

결국, 심리적 안정감을 얻기 위해 니코틴을 섭취하며 자신의 건강을 희생하는 행위가 과연 정당한 것인가 하는 질문을 던지지 않을 수 없다. 흡연자들은 자기 삶과 건강을 돌아보고 신중하게 판단해야 할 문제다.

타르

타르는 흔히 담뱃진으로 불리는 독한 물질로, 담배의 독특한 맛은 바로 이 타르에서 나온다. 타르 속에는 발암물질로 확인되었거나 의심되는 물질이 43종 포함되어 있으며, 이 밖에도 다양한 독성물질을 포함하고 있다.

태안반도에서 유조선이 원유를 유출하였을 때를 기억해 보라. 많은 방제작업 후에도 안면도나 군산 앞바다까지 떠내려갔던 시커먼 기름 덩어리가 바로 타르 덩어리였다. 원유가 유출된 망망대해에서 바닷물 속 유화제로 갈기갈기 찢기고 자연 증발되는 자연의 순환시스템을 극복한 후에도 끝까지 살아남아 자원봉사자들의 손에 이른 지독한 생존력의 산물이 바로 타르였다.

어린 시절, 재래식 화장실에서 번성하던 구더기를 없애기 위한 살충제로 타르를 사용했던 기억이 난다. 담배꽁초를 모아 물에 담가 두면 타르가 우러나 물이 까맣게 변했다. 이렇게 타르가 우러난 시커먼 물을 똥통에 붓곤 했던 기억이 있다. 흡연은 바로 이러한 구더기 살상용 살충제를 자신의 폐에 쌓아 두는 것과 같다.

흡연자들이여, 타르를 직접 확인해 보고 싶다면 손쉽게 실험을 해 보라. 담배 한 모금을 깊이 들이마신 후 화장지를 펼쳐 입 앞에 가깝

게 대고 담배 연기를 강하게 뿜어보라. 화장지에는 끈적끈적하고 새까만 타르가 묻어날 것이다. 이때 코를 가까이 대어 보면 지독한 악취가 날 것이다.

만약 실험에 사용할 화장지가 없다면, 자기 입술을 옆으로 늘려 입술을 앞으로 모은 후 담배 연기를 강하게 "푸우~~" 하고 뿜어보라. 그러면 화장지에 타르가 묻듯이 자기 입술에도 타르가 묻게 될 것이다. 이를 혀로 핥아 맛을 보며 냄새를 맡아본다면, 타르의 존재를 더욱 실감할 수 있다.

> **하루에 한 갑의 담배를 피우는 사람이 1년 동안 담배를 꾸준히 피우는 것은 마치 커피 한 잔 분량의 타르를 자신의 폐에 부어 넣는 것과 같다. 바로 유화제와 방제작업조차 이겨낸 독 덩어리의 최종 승자인 타르를 말이다. 폐에 구더기가 슬지 않도록 하는 것이라며 흡연을 정당화할 수 있을까.**

타르에 포함된 발암 의심 물질 40여 종 중 20여 가지는 이미 A급 발암물질로 분류되어 있다. 따라서 타르는 발암물질의 총체적인 집합체라 할 수 있다. 타르를 들이마시는 흡연은 모든 종류의 암 발생과 깊은 관련이 있다. 흡연하지 않는 사람이 암에 걸린다면 운이 없거나 드문 일이겠지만, 흡연자가 암에 걸린다면 99.9% 흡연이 원인이라 단정해도 좋은 이유이다.

일산화탄소

많은 흡연자가 잘 알지 못하는 불행한 사실 중 하나는 담배 연기 속에 상당한 양의 일산화탄소가 포함되어 있다는 것이다. 일산화탄소는 색도 없고 냄새도 없어 사람이 느끼지 못하지만, 호흡으로 들어오면 체내 산소결핍을 발생시켜 사망에 이르게 하는 최악의 맹독성 가스다.

지금은 보고 듣기 어려운 일이지만, 1980년대까지만 해도 날씨가 쌀쌀해지면 매일 연탄가스로 인한 사망자 수 소식이 조석으로 라디오 뉴스를 장식하곤 했다.

일산화탄소는 우리 몸속의 심장과 혈관에 심각한 피해를 준다. 이는 일산화탄소의 분자구조가 매우 불안정하여 안정된 분자구조로 가기 위해 산소를 흡수하여 이산화탄소로 변하려는 성향이 매우 강하기 때문이다. 특히 심장은 온몸에 혈액을 공급하는 역할을 하며, 손끝과 발끝의 모세혈관은 체내 산소 공급을 책임지는 데 중요한 기관들인데, 이러한 부위에 치명적이다. 혈중 일산화탄소 농도가 증가하면 심장에 과부하가 걸려 심장질환으로 이어지고, 모세혈관이 막히면 손가락이나 발가락이 썩어 들어가는 '버거씨병'에 걸릴 수 있다. 또한, 일산화탄소가 혈액 내 산소를 흡수하면 혈관 내 산소 부분압력이 감소하여 혈관이 과도하게 수축한다. 이에 따라 혈관 내벽 세포가 손상되어 뇌혈관 장애를 유발할 수도 있다. 혈중 일산화탄소 농도가 2%에 이르면 중추신경과 기억력이 둔화된다. 혈중 농도가 계속 높아지면 현기증, 무력감, 구토증을 느끼고, 심할 경우 무의식 상태로 사망한다.

담배를 피워 본 사람이라면 겪어 봤을 상황이 있다. 안 좋은 일이 생겨 연속으로 담배를 피우다 보면 갑자기 눈이 흐려지면서 현기증이 나고, 심장이 빠르게 뛰며, 가슴이 막혀 답답하고 숨을 쉬기 어려운 압박감을 느끼게 되는 것이다. 이는 담배 연기에 포함된 일산화탄소가 체내에 미치는 영향이다. 즉, 담배 연기로 흡입되는 일산화탄소는 연탄불을 피운 방에서 연탄가스에 중독되는 것과 같은 원리다.

한편, 일시적인 흡연이 아닌 지속해서 흡연하는 경우, 흡연자는 비흡연자보다 몸속의 산소 이용률이 20~30% 정도 감소한다. 따라서 흡연자는 비흡연자와 비슷한 신체 상태를 유지하려면 더 많은 산소를 공급받아야 한다. 별도의 산소 공급 없이 흡연을 지속한다면, 흡연자의 혈관 상태와 기능은 비흡연자보다 악화된다. 일산화탄소는 헤모글로빈과 산소보다 강하게 결합하여, 산소가 많이 필요한 뇌에 산소 대신 일산화탄소를 공급함으로써 헤모글로빈을 없애고 뇌의 기억력까지 감소시킨다.

그 밖에도 담배 연기에는 다양한 유해 물질이 포함되어 있다. 개미

살충제로 쓰이는 비소, 세척제로 사용되는 암모니아, 점화액으로 쓰이는 부탄, 재충전 배터리에 사용되는 카드뮴, 쥐약 제조에 쓰이는 청산가리, 방부제 원료인 포름알데히드, 제트기 연료에 사용되는 메탄올 등이 있다. 이러한 물질들은 산업 현장에서 필요한 성분일 수 있지만, 우리 몸에는 독이 되는 성분들이다.

우리 역사상 지금처럼 음식을 먹을 때 원산지와 성분을 꼼꼼히 따지는 시대는 없었다. 그런데도 독성물질로 가득 찬 담배를 어떻게 기호품으로 여겨 가까이할 수 있을까? 담배의 성분과 그 영향을 따져보면, 멀리해야 할 것은 자명한 사실임에도 말이다.

역사

담배의 원료인 재배 연초는 가짓과에 속하며, 원산지는 아르헨티나, 페루 및 볼리비아의 국경 지인 안데스산맥 지역이다. 역사상 언제부터 사람들이 담배를 피웠는지 정확한 기록은 없으나, 멕시코만의 유카탄 반도에 살았던 마야 문명에서 담배의 흔적을 찾는다. 유카탄반도 서쪽 팔랑케(Palenque)의 석조 신전 벽에는 신관들이 흡연하는 모습이 조각되어 있는데, 이는 마치 분향하는 모습과 비슷하여 그들이 흡연 시 발생하는 연기와 향을 종교의식에 사용한 것으로 보인다.

유럽 대륙에 담배가 전파된 것은 1492년 스페인의 크리스토퍼 콜럼버스에 의해서이다. 그가 미주 대륙에 상륙하였을 때 원주민들은 콜럼버스 일행을 "신의 사자"라 여겨 여러 진귀한 물건을 선사했는데, 그중에 잎담배가 포함되어 있었다. 콜럼버스는 장차 이 잎담배가 인류의 건강에 미칠 막대한 영향을 알지 못한 채 담배를 만병통치약 정도로 유럽에 소개하면서, 유럽의 상류층까지 널리 퍼지게 되었다.

우리나라에 담배가 전해 내려온 시기는 조선시대로, 콜럼버스가 미주 대륙을 발견한 지 약 백 년 후인 1590년경 임진왜란 때 왜군에 의해 처음 들어왔다. 이후 광해군 초 담배씨를 일본에서 들여와 담배를 재배하면서 널리 퍼진 것으로 알려져 있다. 이수광의 《지봉유설》

(1614년)에도 담배에 대한 기록이 있는 점으로 미루어 볼 때, 국내 담배의 역사는 400여 년 정도로 본다. 조선왕조실록에는 재배 연초가 남초(南草), 남령초(南靈草)로 기록되어 있는데, 이는 남쪽(일본)에서 들어온 풀이라는 뜻에서 그렇게 불렀으며, 왜초(倭草)라고도 하고 연기를 피운다고 하여 연초(煙草)로도 명명한 듯하다. 한편, 담배는 '담파고(淡婆枯)'로도 불렸는데, 이러한 명칭은 중국에서 상업하던 포르투갈, 스페인, 네덜란드 등의 유럽 상인들이 한자로 담배를 지칭하는 말에서 유래되었다고 한다. 결국 담배는 조선시대 일본의 호칭과 비슷한 '담바귀' 또는 '담파고'로 불리다가 마침내 지금의 '담배'로 굳어졌다.

효종의 왕비인 인선왕후(仁宣王后)의 아버지이자 조선 중기의 문장가인 장유(張維)는 담배를 매우 즐겨 피운 사람으로 알려져 있다. 그가 쓴 《계곡만필》(谿谷漫筆)[1635년]에는 "담배는 맛이 쓰고 독성분이 조금 있어 사람들이 먹지는 않고 입으로 빨아 연기를 뿜어내는데 머리를 어지럽게는 하나, 오래 피운 사람은 인이 박여 어지럽지 않고 지금 세상에서 거의 피우지 않는 사람이 없을 지경이다."라고 담배에 대해 적고 있다.

《하멜표류기》에도 당시 조선 사람들 사이에서 담배가 매우 유행하였음을 보여주는 기록이 있다. 이 책에 따르면, 어린아이들도 네댓 살부터 담배를 피우기 시작하며, 남자와 여자를 가리지 않고 누구나 담배를 피운다고 한다. 이러한 내용을 통해 당시 우리나라에서 담배가 얼마나 널리 퍼졌는지 알 수 있다.

인조 37권, 16년(1638 무인/명 숭정崇禎 11년)8월4일(갑오)

我國人潛以南靈草, 入送瀋陽,

우리 나라 사람이 몰래 담배[南靈草]를 심양(瀋陽)에 들여보냈다가

爲淸將所覺, 大肆詰責。

청나라 장수에게 발각되어 크게 힐책을 당하였다.

南靈草, 日本國所産之草也, 其葉大者, 可七八寸許。

남령초는 일본에서 나오는 풀인데 그 잎이 큰 것은 7, 8촌(寸)쯤 된다.

細截而盛之竹筒, 或以銀、錫作筒, 火以吸之, 味辛烈。

가늘게 썰어 대나무 통에 담거나 혹은 은(銀)이나 주석으로 통을 만들어 담아서 불을 붙여 빨아들이는데, 맛은 쓰고 맵다.

謂之治痰消食, 而久服往往傷肝氣, 令人目翳。

가래를 치료하고 소화를 시킨다고 하는데, 오래 피우면 가끔 간(肝)의 기운을 손상해 눈을 어둡게 한다.

此草自丙辰、丁巳年間, 越海來,

이 풀은 병진(1476) 정사년간 부터 바다를 건너 들어와

人有服之者, 而不至於盛行, 辛酉、壬戌以來, 無人不服,

피우는 자가 있었으나 많지 않았는데, 신유(1477)· 임술년 이래로는 피우지 않는 사람이 없어

對客輒代茶飮, 或謂之烟茶, 或謂之烟酒, 至種採相交易。

손님을 대하면 번번이 차[茶]와 술을 담배로 대신하기 때문에 혹은 연다(煙茶)라고 하고 혹은 연주(煙酒)라고도 하였고, 심지어 종자를 받아서 서로 교역(交易)까지 하였다.

久服者知其有害無利, 欲罷而終不能焉, 世稱妖草。

오래 피운 자가 유해무익한 것을 알고 끊으려고 하여도 끝내 끊지 못하니, 세상에서 요망한 풀이라고 일컬었다.

轉入瀋陽, 瀋人亦甚嗜之, 而虜汗以爲非土産, 耗財貨, 下令大禁云。

심양으로 굴러 들어가자, 심양 사람들도 또한 매우 좋아하였는데, 오랑캐 한(汗)은 토산물(土産物)이 아니라서 재물을 소모한다고 하여 명령을 내려 엄금했다고 한다.

【태백산사고본】 37책 37권 13장 A면 【영인본】 35책 31면

인조 37권, 16년(1638 무인 / 명 숭정(崇禎) 11년) 8월 4일(갑오) 1번째 기사

○甲午/我國人潛以南靈草, 入送瀋陽, 爲淸將所覺, 大肆詰責。南靈草, 日本國所産之草也, 其葉大者, 可七八寸許。細截而盛之竹筒, 或以銀、錫作筒, 火以吸之, 味辛烈。謂之治痰消食, 而久服往往傷肝氣, 令人目翳。此草自丙辰、丁巳年間, 越海來, 人有服之者, 而不至於盛行, 辛酉、壬戌以來, 無人不服, 對客輒代茶飮, 或謂之烟茶, 或謂之烟酒, 至種採相交易。久服者知其有害無利, 欲罷而終不能焉, 世稱妖草。轉入瀋陽, 瀋人亦甚嗜之, 而虜汗以爲非土産, 耗財貨, 下令大禁云。【태백산사고본】 37책 37권 13장 A면 【영인본】 35책 31면

우리나라 사람이 몰래 담배[南靈草]를 심양(瀋陽)에 들여보냈다가 청나라 장수에게 발각되어 크게 힐책당하였다. 담배는 일본에서 생산되는 풀인데 그 잎이 큰 것은 7, 8촌(寸)쯤 된다. 가늘게 썰어 대나무 통에 담거나 혹은 은(銀)이나 주석으로 통을 만들어 담아서 불을 붙여 빨아들이는데, 맛은 쓰고 맵다. 가래를 치료하고 소화를 시킨다고 하는데, 오래 피우면 가끔 간(肝)의 기운을 손상시켜 눈을 어둡게 한다. 이 풀은 병진(1476) 정사년간 부터 바다를 건너 들어와 피우는 자가 있었으나 많지 않았는데, 신유1477)· 임술년 이래로는 피우지 않는 사람이 없어 손님을 대하면 번번이 차[茶]와 술을 담배로 대신하기 때문에 혹은 연다(煙茶)라고 하고 혹은 연주(煙酒)라고도 하였고, 심지어는 종자를 받아서 서로 교역(交易)까지 하였다. 오래 피운 자가 유해무익한 것을 알고 끊으려고 하여도 끝내 끊지 못하니, 세상에서 요망한 풀이라고 일컬었다. 심양으로 굴러 들어가자 심양 사람들도 또한 매우 좋아하였는데, 오랑캐 한(汗)은 토산물(土産物)이 아니라서 재물을 소모한다고 하여 명령을 내려 엄금했다고 한다.

광해 186권, 15년(1623 계해 / 명 천계(天啓) 3년) 2월 15일(을해) 1번째 기사

○乙亥/東萊倭館火, 燒盡八十間。【壬戌亦大火。蓋因倭人喜服南草,遺落餘燼所致也。】

동래 왜관에 화재 나서 80칸을 모두 태우다 【임술년에도 큰 화재가 발생하였다. 왜인들이 담배를 즐겨 피우므로 떨어진 담뱃불로 화재가 일어난 듯하다.】

【정족산사고본】40책 186권 5장 A면 【영인본】33책 493면

고종 48권, 44년(1907 정미 / 대한 광무(光武) 11년) 2월 11일(양력) 1번째기사

十一日。掌禮院卿金宗漢奏: "卽接隆陵令韓昌履報告, 則'陰曆本月二十八日, 本陵有日本人遊覽次來到, 而因烟草餘火, 本陵曲墻內及階砌莎草, 失火燒盡, 而陵上則安寧'云矣。

장례원 경(掌禮院卿) 김종한(金宗漢)이 아뢰기를, "방금 융릉 영(隆陵令) 한창리(韓昌履)의 보고를 접수하였는데, 음력 이달 28일에 일본인이 유람차 본릉(本陵)에 왔는데 그들이 피운 담배꽁초의 불에 본능의 곡장(曲墻) 안과 계체(階砌)의 사초(莎草)가 몽땅 불탔으나 능위는 안녕하다고 하였습니다.

【태백산사고본】 52책 48권 12장 A면, 【영인본】 3책 459면

눈여겨볼 것은 조선왕조실록에 나타난 담배와 관련된 역사적 사실이 현재 우리 사회에서 담배를 바라보는 시각과 그다지 다르지 않다

는 것이다. 이미 담배가 조선에 들어와 널리 퍼질 무렵부터 담배의 해악에 대한 문제점이 제기되어 왔다.

건강에 해롭다는 구체적인 정황과 더불어 중독성에 대한 경고까지도 실록에 적혀 있다. 특히, 담배가 발생시킨 사회적 문제 중 하나로 화재 발생의 주범으로 지목되었다는 사실과 이러한 정황이 비교적 상세히 임금께 보고되었음이 기록되어 있다.

어쨌든 담배는 조선에 전파된 지 십 년도 채 안 돼 기호식품으로 자리를 잡아 남녀노소를 막론하고 널리 피웠으나, 화재 발생의 주범으로 지목되거나 밀수출의 주요 항목으로 자리 잡는 등 크고 작은 사회 문제를 발생시키는 원인으로 자리매김했음을 알 수 있다.

담배 장사

1945년 해방 이후 대한민국 정부는 자본주의 시장경제를 외적으로 표방하면서도 일제가 시행했던 전매제도를 없애지 않고 유지하다가 1961년 소금에만 전매제의 품목에서 제외했으나, 홍삼과 담배 두 가지는 현재까지도 전매제도를 유지하고 있다.

1948년에 만들어진 전매청은 막대한 수입으로 인해 설립 이후 현재까지 기구가 점점 확대됐다. 이는 국가 재정의 적자를 메우기 위해 담뱃값을 마음대로 올렸기 때문이다.

따라서 전매청의 세입 규모는 1970년에서 1980년까지 10년 사이에 14배나 늘어났음에도, 담배의 수맷값은 이러한 증가에 비례하지 않고 정부가 편리할 대로 책정했다.

담배 재배자인 농민과 담배 소비자인 국민은 억울해도 울며 겨자 먹기로 지켜볼 수밖에 없었으며, 정부는 국민의 노동력과 건강을 담보로 국가 재정 수입을 늘려왔다. 이러한 국가 재정 수입의 증가는 정부가 세수 확보에 눈멀어 국민에게 제공해야 할 필수 건강 정보인 "담배를 피우면 건강에 해롭다거나 폐암에 걸릴 수 있다"라는 경고를 뒷전으로 밀어놓았다.

선진국에서는 필수적으로 국민에게 알리고 금연을 요구했던 기본적인 정보를 홍보하는 데 소홀했으며, 심지어 정부가 나서 담배의 해악을 비밀로 감추는 듯한 인상까지 풍겼다.

물론 현재 담뱃갑에 표기된 담배의 해악과 금연 경고 문구는 최근에야 나타났다. 오늘날 대한민국이 세계 제일의 흡연 국가가 된 일차적인 책임이 상당 부분 정부에 있다고 해도 과언은 아니다.

전매청이 1989년 담배인삼공사로 개편되어 형식상 독립 기구가 된 후에야 비로소 담배 겉 포장에 경고문을 실었는데, 경고문의 내용은 "흡연은 폐암 등 각종 질병의 원인이 되며, 특히 임산부와 청소년의 건강에 해롭습니다."라는 지극히 일반적인 문구였다.

희생자

1980년대 우리나라 20세 이상 성인 남성의 흡연율은 약 80%로, 10명 중 8명이 담배를 피우는 세계 초일류 흡연 국가였다.

1990년대 중반까지도 성인 남성 흡연율은 70%에 달하며 세계 최고 수준을 유지했다. 1990년 이후로는 다행히 점차 흡연율이 줄어들어 1990년대 말에는 65%까지 낮아졌다. 최근 발표된 'OECD 건강 백서(2007년)'에 따르면 한국의 15세 이상 성인 남성 흡연율은 46.6%, 여성의 흡연율은 4.6%로 나타나 있다.

공식적인 여성 흡연율은 낮은 수준을 보이지만, 남성 흡연율은 아직도 OECD 국가 중 세계 2위라는 높은 수준이다.

금연 캠페인 등의 영향으로 국내 성인 남성 흡연율은 2005년 50.3%에서 43.4%로 크게 줄어든 것으로 보건복지가족부 조사 결과 나타났다. 그러나 고등학교 남학생을 중심으로 한 청소년 흡연율은 같은 기간에 13.2%에서 13.3%로 오히려 늘어났다.

담배 탓에 죽는 사람은 얼마나 될까? 세계보건기구(WHO)가 발표한 1996년 '흡연에 관한 보고서'에 따르면, 전 세계 흡연자는 11억 명에 이르며, 이들은 1년에 약 5조 2천 개비의 담배를 소비한다고 한다.

이는 1인당 하루 평균 15개비에 해당한다.

흡연으로 인한 사망자는 간접흡연 희생자를 제외하더라도, 매 10초당 한 명이 흡연 때문에 생명을 잃고 있다.

흡연의 피해는 막대하며, 흡연 관련 사망자(주로 암과 심장병)는 매년 선진국에서 180만 명, 개발도상국에서 120만 명에 이르고, 세계적으로 매년 300만 명이 담배로 인해 목숨을 잃고 있다. 특히 개발도상국에서는 흡연율이 높은 증가세를 보이며, 2020년에는 연간 담배로 인한 사망자가 1천만 명에 이를 것으로 예상된다.

선진국에서도 중년 남성 전체 사망자의 3명 중 1명, 중년 여성 전체 사망자의 15%가 담배로 인해 생명을 잃고 있다.

미국 미시간 보건대학의 스티븐 게이 박사는 매년 미국에서 약 50만 명이 담배와 관련된 질병으로 사망한다고 추정하며, 흡연이 수명을 다하지 못한 채 조기 사망을 초래하는 가장 큰 원인으로 지적했다.

한국에서도 통계에 따르면 매년 3만 명이 담배 탓에 죽어가고 있으며, 지금의 흡연 증가 추세라면 2020년 한국에서도 연간 희생자가 10만 명에 이를 것으로 예측된다.

이러한 통계는 술, 마약, 살인, 자동차 사고, 화재 등으로 사망하는 모든 사람을 합한 것보다 담배로 인한 사망자가 더 많다는 것을 보여준다.

간접흡연間接吸煙의 피해 被害

세계보건기구의 발표에 따르면 갓 태어난 아이가 급작스레 죽는 영아돌연사(嬰兒突然死)가 발생하는 경우가 산모의 흡연과 밀접한 관계가 있다고 하였다.

즉, 최소 30%에서 최대 50%에 이르는 영아 사망률이 산모의 흡연과 밀접한 관계를 맺고 있다는 것이다. 임신부가 담배를 피울 경우는 물론이고, 담배를 피우지 않아도 간접흡연으로 저체중아의 출산율이 높아지게 된다.

밀폐된 공간에서 흡연은 간접흡연의 피해를 키운다. 담배 연기 속에 들어 있는 각종 화학물질이 공기 중의 다른 물질과 섞이면 인체에 한층 더 큰 해로움을 미친다고 과학자들은 경고한다.

실내에서의 흡연은 입자상 물질의 오염도를 대기 환경 기준치의 5배까지 높인다. 실내 공기 중의 분진은 실외에 비해 보통 1.4배 정도 많지만, 담배를 피우면 그 수치는 두세 배로 급증한다.

비흡연자가 담배 연기에 노출될 때 흡연자 못지않게 호흡기, 심장, 혈관 계통의 병과 폐암, 후두암 등 각종 암의 발병률이 올라가고, 작업 능률이 떨어지는 것은 이 때문이다. 담배가 수많은 사람을 병들게

하고 죽게 하는 이유는 신체의 신경을 자극한 후 마비시키는 영향을 가진 악성 독성물질을 함유하고 있기 때문이다.

무수한 사람들이 이 만성적인 독소를 가지고 자신들을 서서히 헤쳐 가면서 담배가 해롭다는 것을 알면서도 담배를 피우는 이유는 담배 속에 있는 니코틴이 중독성 물질이기 때문이다.

남이 피우는 담배 연기를 마시는 것은 필터로 여과되지 않은 담배 연기이므로 더 독성이 강하다. 집에서 어른이 담배를 피우는 어린이는 그렇지 않은 어린이에 비해 급성 호흡기 질환 감염률이 5.7배나 높으며, 폐암 발생률도 2배나 높다. 특히 어린 학생들이 담배를 시작하게 되면 어른이 되어 담배를 시작하는 것보다 훨씬 심각하다.

효능效能

흡연吸煙 금연禁煙

NO
SMOKING

당장 금연해야 할 사람

"아니 땐 굴뚝에 연기 나랴!"는 속담이 있다. 모든 결과에는 일으킨 원인이 있다는 말이다. 아프다는 것은 통증을 오감으로 느끼는 것인데, 담배로 인하여 불편이나 아픔을 느끼는 것은 이미 몸에 이상이 발생한 것으로 봐도 좋으며, 이런 사람의 몸은 이미 심각한 상태에 놓여 있다. 매일 담배를 피우는 사람이라면 적어도 자기 몸이 담배로 인해 어떤 증상을 나타내는지 잘 안다. 정말 우둔하고 무감각한 바보라면 모르겠지만, 스스로 다음을 점검해 보시라!

○ 가슴이 답답하여 숨이 막힐 때가 있다.
○ 가슴 한쪽을 칼로 베는 듯한 통증을 느낀다.
○ 고개를 돌릴 때 목이 꺾이며 눈앞에 별이 떠다닌다.
○ 앉았다 일어설 때 어지러움을 느껴 주위 물체를 잡는다.
○ 코나 입으로 몸속으로부터 올라오는 심한 악취를 느낀다.

이 중 하나 이상의 증상을 가끔 느끼는 사람은 자신이 직접 그 원인에 대해 알아보고 싶다면, 앞 장에서 필자가 설명한 원인별 증상을 읽고 자신에게 나타나는 현상과 담배의 성분별 효능을 잘 연결 지어 생각해 보면, 꼭 의사를 만나지 않더라도 자신의 증세가 흡연 때문임을 쉽게 알 수 있을 것이다.

또한, 이 중 하나 이상의 현상을 가끔 느끼는 사람으로, 매일 하루 열 개비 이상의 담배를 피우는 사람이라면 이미 커다란 발병을 목전에 둔 사람이라 자신해도 좋다. 예비 환자 반열에 올랐다는 자부심을 가져도 충분하며, 즉시 금연을 해야 하는 단계에 이른 사람으로 봐야 한다.

이런 자기 몸속의 경고를 기필코 외면하면서 계속하여 흡연을 지속하는 사람이라면 흡연 때문에 가족을 버릴 수 있는 대단한 용기를 가진 사람으로, 결국 그 대단한 용기와 자신의 목숨을 바꿀 뿐이겠지만,

내 말을 듣고 금연을 결심하거나 이후 실제 금연을 하여 성공한 사람은 자신과 가족을 진심으로 위하는 사람으로, 사진과 가족 및 주변에 흡연 시 가지지 못하였던 새롭고 자신에게 무척 이로운 새로운 환경을 경험할 것이다.

계속해 보자! 현재 위의 사항 중 하나의 증상을 느끼는 사람으로 끗끗하게 지속하여 담배를 피우는 사람은 머지않아 위의 사항 중 몇 가지를 복합적으로 느낄 수 있는 새로운 경험의 경지에 이를 수 있으며, 종국에는 이 책의 앞장에 써놓은 필자의 '입원의 추억'을 실감하고 제2 또는 제3의 금연 책을 집필하는 반열에 오를 수 있다.

물론 흡연으로 아프다 하여도 누구나 다는 아니다. 일단은 나처럼 운이 좋아 흡연으로 인한 발병의 고통을 일차적으로 이겨내야 하는

데, 이는 목숨을 담보로 하는 러시안룰렛 게임 같은 어렵고 힘든 관문을 통과한 경우에만 해당한다.

또한, 자신의 흡연 때문에 주변에서 다음과 같은 말을 들을 때도 역시 담배를 끊어야 한다.

"너는 입 냄새가 많이 나서 네 옆에 있기가 불편해." 위의 아류 표현 내지는 에두른 표현법으로 "너 고기 먹었냐?" "너 스케일링 안 하냐?" 같은 표현법도 가끔 사용된다.

내가 만나본 흡연하는 많은 사람 중에는 특히 구취가 심한 사람들이 종종 있는데, 구취가 심한 사람들의 공통적 특성 중 하나가 다른 사람들이 다 느끼고 불쾌하게 생각하는 자신의 구취를 정작 자신은 전혀 느끼지 못하는 슬픈 사연을 가지고 있다는 것이다. 구강 내에서 발생하는 구취의 원인은 여러 가지가 있으나, 그중 흡연으로 인해 호흡기를 통해 올라오는 악취는 가장 으뜸인 악취에 속한다고 할 수 있다.

내가 담배를 피웠던 시절의 기억에 의하면, 하루에 몇 번씩 양치질하고 나름 신경을 썼음에도 배에서 꼬르륵 소리가 나는 공복 때나 양치질에 게으름을 피울 때면 내 몸은 어김없이 자체의 악취를 풍겨주어 내 후각은 이를 충분히 느끼도록 해주었었다.

유자격有資格 무자격無資格

이런 사람은 반드시 금연해야 한다. 즉, 다음의 글에 하나라도 본인이 해당하면 바로 끊어야 한다.

- 부모님께 받은 몸을 상하지 않고 일생을 마치고 싶은 사람
- 비록 가족력이 있더라도 자신은 폐암에 걸리지 않고 싶은 사람
- 자신감 있고 건강하게 성생활을 영위하고 싶은 남자
- 흡연 폐해 입은 아기를 키우고 싶지 않은 여자
- 뇌졸중으로 절대 죽고 싶지 않은 사람
- 담배 살 돈이 부족하나 돈을 모으고 싶은 사람
- 일 년에 한 번 하는 스케일링 비용이 아까운 사람
- 가족에게 위의 문제로 짐을 지우고 싶지 않은 사람

반면에, 이런 사람들은 담배를 쭈~욱 피워도 된다. 아니, 절대로 담배를 끊으면 안 된다.

- 담배를 안 피우면 5분 이내에 죽는 사람
- 천수를 안 누리고 뇌졸중을 경험하고 싶은 사람
- 입원해도 매달 천만 원씩 통장에 꼬박꼬박 들어오는 사람
- 해외여행 시 흡연자가 겪는 생활 속 많은 불편을 경험할 사람

○ 흡연폐해의 영향을 받은 2세에게 평생 뒷바라지 하고 싶은 사람

○ 젊은 시절에 아파트 한 채 값을 꼭 담배로 날려야 할 사람

○ 의과대학에 흡연으로 까맣게 오염된 폐를 기증하기로 서약한 사람

○ 젊은 나이에 땀구멍 숭숭 뚫린 나이 든 피부를 가지고 싶은 사람

흡연吸煙 효능效能

흡연자는 비흡연자보다 각종 질환에 걸리기 쉽다. 이를 수치상으로 측정해 보면 담배 한 개비를 피울 때 인체는 분당 맥박 수가 15~20회 증가하며 혈압은 10~20mmHg 증가한다. 이는 운동이 아닌 담배 연기의 체내 흡입으로 몸 상태가 달라지는 일종의 약물 효과와 같은 것이다.

담배는 그 무엇보다 호흡기에 엄청난 피해를 발생시킨다. 자, 담배 연기가 우리 몸에 들어가는 순서대로 살펴보자! 제일 먼저 담배 연기가 드나드는 입속의 구강 세포들은 담배 연기로 돌연변이를 일으키며, 그 결과로 구강암이 발생한다.

그다음 연기가 거치는 기관지도 구강의 경우와 마찬가지로 여러 가지 발암물질에 노출되어 다양한 종류의 암을 발생시킨다. 최종적으로 도달되는 우리 몸의 중요한 장기 중 하나인 폐를 살펴보자! 폐는 산소를 우리 몸속에 들여보내기 위해 혈관과 도킹하는 장소로, 혈액에 산소를 공급해야 할 폐 세포가 연기에 의해 파괴된다. 이는 결국 폐활량의 감소와 폐 손상에 따른 잦은 기침을 유발하며, 폐 표면에 부착된 타르는 폐 세포의 기형을 일으켜 폐암을 유발한다.

병에 걸렸다는 것은 우리 몸이 해로운 물질의 침입에 대항하다가 결국 졌기 때문에 그 결과가 몸에 나타난 것이다. 담배가 만병의 근원이라는 얘기는 귀가 닳도록 들어왔다. 이는 담배 연기가 온갖 종류의 독 그 자체이므로 담배 연기와 접하는 몸의 모든 부위는 발병 가능성이 있으므로, 흡연자는 담배 연기의 독과 싸워야 하는 몸의 기관이 많아진다.

물론 비흡연자인 보통의 사람들도 간접흡연이나 다른 요인으로 호흡기 계통에 병을 앓을 수 있다. 하지만 흡연자가 호흡기 계통에 질환을 가지게 되었다면 이는 100% 담배로 인하여 발병한 것이라고 여겨도 된다. 흡연자는 비흡연자보다 중풍 2~3배, 동맥경화증 2배, 만성기관지염(慢性氣管支炎)과 폐기종(肺氣腫) 6.6배, 악성종양과 폐암은 8배 발병이 쉽다. 이러한 결과로 흡연자는 비흡연자보다 평균 기대수명이 7년이나 짧다.

사람은 호흡을 통해 몸에 충분한 산소를 공급해야 생체 활동이 가능하다. 그런데 담배 연기는 호흡과 똑같은 순환 절차를 거쳐 몸 안에 들어오므로 호흡기 계통의 모든 기관에 다양한 발병 원인을 제공하며, 폐결핵(肺結核), 폐렴(肺炎), 독감(毒感), 기관지염(氣管支炎), 폐기종(肺氣腫), 천식(喘息), 만성기도 장애와 같이 듣기만 해도 몸이 떨려오는 다양한 악성 호흡기 질환을 발생시킨다.

호흡기에 발생하는 각종 병마다 그 특성이 다르고 증상이 다르지만, 적어도 내가 흡연에 따른 발병을 체험하여 알아낸 공통적인 특징은 호흡기 계통에 발생한 모든 병에서 호흡기의 상태가 비정상적이라는 점이다. 특히 숨을 들이쉬면 기관지를 새털 깃으로 간질이는 불쾌한 느낌이 드는데, 이런 느낌은 마치 기관지에 고춧가루가 들어간 느낌 그 자체이다. 그러니 정상적인 사람에 비해 얼마나 불편하겠는가? 그래, 좀 불편한 시간을 겪은 후 낫게 되면 별문제 아니겠지만, 혹시 초기 발병 상태가 악화하여 불치의 상태에 이른다면 어떨까?

또 다른 하나의 공통적인 증상은 가슴에 심한 통증을 느끼는 것이다. 내가 담배를 즐겨 피우던 1991년도 급성 폐렴(肺炎) 진단을 받았을 때의 일이다. 며칠 전부터 감기 증상이 있다고 생각했으나 병원에 간 당일은 아침 잠자리에서 일어나면서 가슴에 심한 통증을 느껴 드디어 병원에 가야 할 것임을 직감하고, 출근을 뒤로한 채 병원으로 향했다.

X-ray 촬영을 마친 필름을 찬찬히 들여다보던 의사가 말했다. "이런 상태로 걸어 다니는데 가슴이 불편하지 않느냐?"라고. 그 질문을 들은 순간 나는 갑자기 두 다리에 힘이 빠지며 순식간에 심하게 아파하고 있는 환자로 변하게 된 것이다. 내 발로 걸어서 병원에 갔었지만, 의사의 질문 한마디에 한 발짝도 움직일 수 없는 중증 환자로 다시 태어났다.

담배를 끊은 이후, 내 주변의 많은 사람에게 금연의 필요성과 꼭 금연하도록 내 아픈 경험을 진솔하게 이야기하며, 가능한 많은 사람이 금연하여 건강을 잃지 않도록 설득해 왔다.

택시를 탔을 때 택시 안에서 심한 담배 냄새가 날 때는 어김없이 택시 운전사에게 내가 담배를 피워 아팠던 경험담을 들려주었다. 내가 내릴 때쯤이면 얘기를 들은 많은 기사분이 내 말에 진정으로 감동하여 나에게 조만간 금연하겠다는 구두 약속을 하곤 하였으며, 실제 내 얘기를 들은 사람 중 몇 사람은 내가 내릴 때 자신이 갖고 피우던 담배를 나에게 건네주며 금연의 다짐으로 자신을 대신하여 쓰레기통에 버려달라고 당부하기도 하였다.

2007년 1월 2일자 문화일보에는 새해의 다짐 중 하나인 금연에 대한 작심삼일의 통계 기사가 실렸다. 사연인즉, 새해 초가 되면 담배 판매량이 일시적으로 한동안 급감하는 경향을 보인다는 것으로, 국내 최대 편의점인 GS25가 통계 조사한 결과에는 지난 1월 1일부터 8일 사이의 담배 판매량이 전월 평균보다 7.2% 줄어든 반면, 껌과 사탕의 매출이 20% 늘었다는 것이다. 이는 새해 들어 금연을 결심하는 사람들이 많아진다는 것을 의미하며, 이어지는 1월 9일부터 12일 사이의 담배 판매량은 4.2% 줄어드는 데 그쳐 '作心三日(작심삼일)'이 반복되고 있다는 기사이다.

버거씨병Buerger's disease

담배는 한 대만 피워도 니코틴으로 인해 혈압이 오르고, 맥박이 빨라지며 말초혈관들이 수축한다. 따라서 동상에 잘 걸리게 하고 자주 손발이 저리게 된다. 혈소판의 혈액 응고 작용을 증가시켜 혈액의 점도를 높여 혈전이 잘 생기게 하고, 혈액 속 일산화탄소를 증가시켜 혈액의 산소 공급 능력을 떨어뜨린다. 만병의 근원이 담배라고 해도 과언은 아니다.

특히 '폐색성 혈전 혈관염(Thromboangiitis Obliterans)'으로 불리는 버거씨병(Buerger's disease)은 다리의 작은 동맥에 혈전이 쌓이면서 혈관이 막혀 발가락이나 발이 썩어 들어가는 병으로, 주로 20~40세의 젊은 남성에게 많이 나타나는데, 흡연 여성이 늘면서 여성에게도 약 5% 생긴다고 한다. 명확한 원인은 아직 밝혀지지 않았지만, 통계적으로 이 병에 걸린 환자 대부분이 지독한 골초라고 한다. 흡연이 가장 유력한 원인으로 지목되고 있다.

이렇게 담배가 혈관과 혈액에 대해 작용하는 과정에서 어떤 면역과 관련한 원인이 있을 때 심하게 나타나는 것으로 추정된다. 따라서 담배를 끊으면 증상이 좋아지고 병이 치료되지만, 니코틴 중독이 심하면 손발을 잘라내고도 담배를 끊지 못한다고 한다. 이후 계속 담배를 피우면 내장 혈관이 막혀 내장 괴사가 생기기도 하고, 뇌혈관이 막혀 중풍이 생기기도 한다.

여성 흡연의 해악

만병의 근원인 담배가 사람들의 기호식품으로 다가온 역사는 세계사로는 500여 년이며, 우리나라로 보면 400년 정도이다. 하지만 이미 선진국에서는 담배가 발붙이지 못하도록 쫓겨나고 있으며, 흡연자의 천국이자 담배 문화 후진국인 우리나라에서도 금연 문화에 대한 사회적인 인식 변화로 담배가 사회악인 천덕꾸러기로 인식되고 있다. 이제 담배 연기는 흡연자조차도 멀리해야 할 품목으로 여기는 경우가 많아졌다.

이러한 세계적인 금연 추세에 발맞추어 한때 세계 최고였던 우리나라 성인 남자의 흡연율은 그 증가율이 감소하거나 제자리걸음을 나타내고 있으니 참으로 다행이라 할 수 있다. 하지만 대한민국 여성들의 흡연율은 비약적인 성장을 이뤄냈다. 우리나라 여성들의 단기간에 이뤄낸 사회적인 지위 향상과 여성들이 이룬 대한민국의 국위 선양은 이미 전 세계적인 관심사인데, 이제는 여성의 흡연율까지도 세계적인 반열에 오르게 된 것이다. 특히 여대생, 여고생 및 어린 소녀의 흡연율이 매우 높고, 그 증가율 또한 높아져 이제 그냥 지나칠 수 없을 지경에 이르렀다. 요즘 밖에 나가면 때와 장소를 가리지 않고 담배를 피우는 여중생이나 여고생들의 모습을 심심찮게 목격할 수 있다. 우연히 눈에 띄는 게 그럴지니, 눈에 안 띄는 실상은 어느 정도일까?

1996년 중앙일보에 실린 국내 여대생의 흡연 실태 기사에 의하면, 모 여대의 교수가 당시 서울 시내 6개 대학교 학생을 대상으로 한 여대생 흡연 실태 조사에서 우리나라 여대생 5명 중 1명이 담배를 피우며, 남녀 공학보다 여자 대학의 여대생에 흡연자가 더 많은 것으로 조사되었으며, 흡연에 대한 인식은 "다소의 흡연은 해롭지 않다"와 "해롭지 않다"라는 의견이 절반을 넘고, 임산부에 대한 영향에 대해서도 15% 이상이 "해롭지 않다"라고 대답해 흡연의 해악에 대하여 위험성 인식이 상당히 낮은 것으로 나타났다.

이후 여론 조사 기관에서 조사한 우리나라 5대 도시의 남녀 흡연율 통계는, 남성 흡연율이 60%로 전반적인 하강 추세지만, 여성 흡연율은 20%로 급상승하고 있는 것으로 나타나, 10년 전 한국 여대생 흡연율의 수준으로 한국 여성의 흡연율이 맞춰진 것 같다. 이제는 남성 우위의 전통에 대한 저항과 여권 신장의 척도를 립스틱 묻은 담배꽁초의 숫자로 가늠할 수 있을 것 같다.

최근 인터넷 기사를 통해 접한 "여중·고생 한 반에 3~4명부터 10명까지 흡연!"이라는 기사는 이제 제도적인 강제 금연이 필요하다는 생각이 든다. 여성의 흡연은 흡연이 자신에게 미치는 해악도 문제지만, 이보다도 국가적, 사회적, 가정적으로는 물론 인류학적으로도 엄청난

해를 끼친다. 여성 흡연의 해악이 남성의 그것보다 심각한 이유는 바로 여성의 흡연으로 인해 발생하는 위험의 확산성이 크다는 데 있다. 물론 흡연으로 인한 발병의 피해는 남녀노소를 가리지 않고 발생하지만, 사회적 구성원이자 인적 자원인 2세 국민을 생산하는 여성만의 역할을 고려할 때, 여성 흡연으로 발생하는 상황과 이차적인 문제점을 고려하면 그 심각성은 달라진다. 즉, 임신과 출산에서부터 아이들의 양육과 교육에 이르기까지 여성의 고유 기능과 역할을 해야 하는 기본적인 부분에 흡연은 예기치 못한 심각한 해악을 끼쳐 영성 자신뿐 아니라, 자신이 낳은 2세까지 영향을 미쳐 불필요한 흡연이 자신이 한평생 짊어져야 할 멍에를 지울 수 있다.

임산부의 흡연은 태아의 뇌 성장에 치명적인 손상을 입힌다. 담배가 엄마의 몸에서 태아로 가는 혈액 속 산소 부족을 초래하게 되고, 뇌가 빠른 속도로 성장하는 시기에 산소 부족이 초래되면 뇌의 중요한 부위, 특히 고도의 정신-창조 기능을 하는 대뇌피질에 이상이 생겨, 태아의 지능 저하나 정신 신경계의 이상을 초래할 수 있다. 미국 에모리 대학교의 역학 교수로 캐럴라인 드루스(Caroline Druss) 박사의 연구(각주 https://pubmed.ncbi.nlm.nih.gov/8632944/)에 의하면, 정신 박약아를 출산한 여성 중 34%가 임신 중 1주일에 5개비 정도의 담배를 피운 것으로 조사됐고, 임신 중 하루 한 갑의 담배를 피운 여성은 정신 박약아의 출산 위험이 비흡연 여성보다 85%나 높다고 결론지었다. 그렇다면 어떻게 "담배와의 전쟁"(금연 성공)에서 승리할 수가 있을까?

"암!" 암에 걸려 죽어가는 자기 자신을 한번 생각해 보자! 지금까지 의사와 통계 과학자들이 분류한 암의 주요 원인으로 음식물 50%, 담배 33%, 대기오염 등이 15%다! 담배가 33%, 발암물질 중 가장 확실한 것은 담배이며, 무려 33%. 놀라운 사실이다.

금연禁煙 효능效能

담배를 피우는 사람들에게 나타나는 일반적인 증상은 무엇일까? 흡연자는 비흡연자보다 자주 피로와 불면증에 시달린다. 감기도 더 잘 걸리고, 일단 감기에 걸리면 오래오래 앓는다. 직장 결근율도 높고, 근무 중 잦은 흡연으로 흐름이 끊긴다. 잇몸병도 더 자주 생기고, 구취와 소화불량도 자주 겪는다. 주머니 속이 불결하며, 폐활량이 줄어 오래 달리기를 못 한다.

반대로 담배를 끊으면 어떤 이로움이 있을까? 정신이 맑아지고 청결해진 느낌과 동시에 담배를 끊었다는 행복감을 느끼게 된다. 금연 기간별로 나타나는 변화는 대략 이렇게 알려져 있다.

금연 후 1주일 정도 지나면 기침이 줄고, 목에 걸리던 가래가 묽어지며, 아침에 일어날 때도 상쾌한 기분을 느낄 수 있다. 금연 후 2~3개월이 지나면 흡연 시 몸에 지녔던 기침과 가래가 잦아든다. 금연한 후 1년이 지나면 심장마비 발생 가능성이 흡연자의 절반으로 낮아진다. 그 후 5년이 지나면 돌연사의 가능성이 비흡연자와 같아진다. 사람에 따라 다르지만, 통상 금연 후 10년 내지 20년이 지나면 암 발생의 위험도가 비흡연자와 비슷해진다.

2005년 2월 14일자 연합뉴스(한성간 기자)(각주 https://www.yna.co.kr/view/AKR20240212018000009?utm_source=chatgpt.com)에는 35세 이전에 담배를 끊으면 정상 수명을 누릴 수 있다는 내용이 실렸다. 담배를 일찍 끊을수록 생활의 질이 크게 개선되고 수명 단축도 막을 수 있다는 연구 결과(각주 - 연구 제목: "Health Status and Health Care Utilization in the Elderly: The Duke University Health Profile"

저자: Donald H. Taylor Jr., PhD; David L. Kasper, PhD; John W. Williams, MD, MPH; et al.

출처: Medical Care, Volume 38, Issue 12, 2000, Pages 1210~1223)가 발표되었다. 이는 미국 듀크대학 메디컬 센터의 도널드 테일러 박사가 50~60세 남녀 2,652명과 70세 이상 8,124명을 대상으로 2년마다 자신의 건강 상태를 평가하도록 하여 분석한 결과이다. 다시 말해, 대략 15년간 담배를 피웠더라도 이후 담배를 끊으면 담배를 전혀 피우지 않았던 사람과 같은 남은 수명이 되며, 통상 35세 이전에 담배를 끊으면 담배를 전혀 피우지 않았던 사람과 남은 수명이 같아진다는 것이다. 즉, 흡연자의 금연 적령기는 35세 이전이라 할 수 있다.

Kimjaesuk
2023-3

멋진 외모

경험적으로 흡연을 하면 피부 주름이 빨리 생긴다는 사실은 오래전부터 알려져 있었지만, 흡연이 어떻게 피부에 노화를 일으키는지에 대한 정확한 메커니즘은 규명되지 않았었다. 영국 런던 세인트존스 피부학연구소의 앤터니 영 박사는 흡연이 피부에 탄력성을 주는 단백질을 파괴하여 얼굴 주름살을 빨리 생기게 한다는 것을 밝혀냈다.

피부를 탄력 있게 만드는 구조 단백질이 교원질(膠原質)인데, 이를 파괴하는 매트릭스 메탈로프로테이나제-1(MMP-1) 유전자가 태양 자외선에의 노출과 연관이 있다는 확인 실험을 하던 중 우연히 발견한 사실이다. 실험 대상자 중 일부는 자외선을 투사하기 이전에 MMP-1 유전자가 과잉 형성되어 있었고, 이들 모두가 흡연자였던 것으로 밝혀져 이를 조사·분석의 근거로 MMP-1 유전자가 흡연 때문에 작동된다고 연구 보고서에 발표한 것이다.

즉, 태양 자외선에 노출되고 여기에 담배까지 피우면 이중으로 MMP-1 유전자가 작동하여 교원질이 파괴되고, 이에 따라 얼굴의 주름살 생성이 가속화된다는 사실을 영 박사는 지적했다. 교원질은 피부를 건강한 상태로 유지하는 탄력도와 윤활 물질을 지니고 있다. 세포는 교원질을 분해하는 효소인 MMP-1과 교원질을 조성하는 다른 효소를 적절히 조절하면서 균형을 취하지만, 피부가 태양의 자외선에 노출되면 세포가 자극받아 피부 수리 물질을 정상보다 많이 방출해 상대적으로 MMP-1이 많아지면서 피부 주름이 형성된다는 설명이다.

담배의 니코틴은 혈관을 수축시키고 혈액 순환을 악화시켜 폐의 기능을 저하한다. 혈액 순환의 장애는 비타민의 부족 현상을 야기하고, 이는 종국적으로 탈모를 가속한다. 따라서 탈모를 원치 않는 사람이 탈모 방지를 위해 비타민 약을 먹어도 금연하지 않으면 효과가 없다. 담배 1개비는 25mg의 비타민C를 파괴해 결국 모발의 성장에 나쁜 영향을 미치게 된다. 하루 20개비를 피우면 총 500mg이 파괴되는 셈인데, 보통 사람이 하루 필요로 하는 비타민C는 50mg이다. 설령 본인이 피우지 않더라도 다른 사람이 피우는 곳에 같이 있게 되면 그 공기를 마시게 되어 폐 기능이 떨어지고 모발로부터 윤기가 사라지게 된다. 건강한 모발을 지키려면 금연해야 하며, 금연은 탈모 예방의 지름길이기도 하다.

재테크

매일 한 갑을 피우는 담뱃값을 평생 모으면 서울에서 아파트를 마련할 수 있다는 계산 근거를 김춘진 국회의원이 내놓았다. 매일 3,000원짜리 담배를 1갑씩 피우는 20세 흡연자가 담배 구매비를 80세까지 은행에 저축할 경우를 가정한 것이다.

국회 보건복지위 소속 김춘진(열린우리당, 전북 고창 부안) 의원은 평균 이자율을 5%로 가정할 때, 이런 식으로 담뱃값을 저금통에 모은 뒤 연말에 금융기관에 복리로 예치하면, 80세가 되는 해에 3억 8,717만 원의 적립금을 찾아 행복한 여생을 보낼 수 있다고 밝혔다.

이에 대한 구체적인 계산 수치를 살펴보자. 개인이 저축한 원금은 매년 109만 5,000원으로 60년간 총 6,570만 원에 해당한다. 평균 이자율이 3%일 때, 적립 금액은 1억 7,854만 원에 달하고, 같은 방법으로 담뱃값 3,000원, 이자율 5%로 계산했을 때, 30세에 금연한 경우는 2억 2,924만 원, 40세에 금연한 경우는 1억 3,228만 원, 50세에 금연한 경우는 7,275만 원을 적립할 수 있다는 것이다.

따라서 매일 한 갑 반을 피우는 사람은 계산치의 1.5배, 매일 두 갑을 피울 때는 2배를 곱하면 적립금이 산출된다. 김 의원은 "지난 1998

년을 기준으로, 국산 담배 판매 금액은 4조 6,473억 원이지만, 흡연에 따르는 사회경제적 비용은 6조 2,000억 원을 넘었다"라고 강조했다. 금연은 지금 시대의 완벽한 돈벌이 수단이다.

지금같이 미래가 불확실한 시대에는 노후를 위한 많은 준비가 필요하다. 그중 미래를 위한 보험 가입은 필요악으로 피할 수 없는 부분이다. 보험업계에서도 담배는 '공공의 적'으로 간주하는데, 이는 흡연으로 인한 후두암, 폐암 등 각종 질환 증가가 보험금 지급 증가로 이어지기 때문이다. 따라서 보험 회사들이 금연을 적극 권장하며 비흡연자들에게 보험료 할인 혜택을 주는 것은 누이(고객) 좋고 매부(보험사) 좋기 때문이다.

결론부터 말하자면, 금연은 본인의 건강뿐만 아니라 본인의 재정 안정에도 적지 않은 보탬이 된다는 점이다. 생명 보험사들은 오래전부터 흡연한 적이 없거나 1년 이상 금연한 가입자를 대상으로 '비흡연에 할인제도'를 운영하고 있다. 비흡연자의 경우, 사망률이나 암 등 여러 질병 발생률이 흡연자보다 현저히 낮아지므로, 당연히 보험료를 덜 내게 하는 것이다.

대학 입학

건국대가 국내 대학 최초로 정시 모집 전형에서 비흡연자를 우대하기로 했다. 2007년 9월 26일 건국대에 따르면, 11월에 시작되는 2008년도 정시 모집 전형에서 동점자 처리 기준 가운데 한 조항으로 '비흡연자를 우선 선발한다'라는 내용을 포함하는 방안을 마련했다고 밝혔다.

대학 관계자는 "대입 전형에서 비흡연자 우대 정책은 국내에서 처음 시도되는 것"이라며 "국민의 건강권을 고려한 오명 총장의 뜻이 크게 반영됐다"라고 말했다. 이 관계자는 "대학 내에서도 찬성부터 위헌론까지 다양한 의견이 제기되면서 갑론을박이 있었다"라고 전하면서도, "정책이 몰고 올 파장을 생각해 우선 입시 전체에 큰 영향을 미치지 않는 '동점자 처리 기준'으로 도입하는 방안을 마련하게 됐다"라고 설명했다. 건국대는 '비흡연자 우대' 방안을 다음 달 초 열릴 입학 정책 위원회에서 심의한 뒤, 10월 말 열리는 대학 입학 전형 관리 위원회에서 최종적으로 확정할 예정이다.

흡연(吸煙)은 악(惡)이고
금연(禁煙)은 선(善)이다.

명심보감(明心寶鑑)에
"勿以惡小而為之, 勿以善小而不為之"

악이 작다고 행하지 말고, 선이 작다고 행하지 않으면 안 된다는 얘기가 나온다.

이를 바꿔 얘기하면, 한 개비의 담배도 피우지 말며, 길가의 담배 연기도 피해 다닐지어다.

마원은 말하기를
"終身行善이라도 善猶不足이요"
한평생 금연하여도 선은 부족하고,

"一日行惡이라도 惡自有餘니라"
하루 한 개비의 담배도 스스로 남음이 있느니라.

마침

NO
SMOKING

마침

세상이 변해 우리나라의 출산율이 세계에서 가장 낮아졌고, 대한민국은 이제 국가 존립과 국력 유지에 필수적인 인구 감소 문제를 우선순위로 걱정해야 하는 때가 되었다. 인구의 증가를 인위적으로 끌어올리기 어렵다면, 확보된 인구를 잘 지켜가는 것도 한 방법일 것이다.

그런데 우리나라 정부가 국민의 생명을 좀먹는 담배 장사를 직접 하고 있다니? 참으로 아이러니하지 않을 수 없다.

5월 31일은 세계보건기구(WHO)가 정한 '금연의 날'이다. 최근 들어 다양한 내용의 금연 캠페인이 벌어지고 있지만, 세계적으로 13억 명 이상이 아직도 담배의 늪에 빠져 있고, 이 때문에 평균 6.5초에 1명꼴로 사망하고 있다. 흡연은 세계 성인 사망의 10%의 원인을 제공하고 있다.

흡연자들이여~~

다가오는 '세계 금연의 날'을 맞아 당장 담배를 끊을 결심을 굳게 해보자~~

자신의 생활에 익숙해진 것을 끊기는 쉬운 일이 아니지만, 계속해서 올라가는 담뱃값과 커지는 가족들의 원성, 또한 혼자 외롭게 느끼는

자기 건강에 대한 숨길 수 없는 걱정으로부터 자유롭게 해방되는 길은 오직 금연뿐임을~~

이 글을 읽은 후 바로 금연에 돌입하면 좋겠지만, 나 같은 과정과 동기 없이도 금연이 손쉽다면 얼마나 좋을까? 단순히 담배를 피우지 않도록 행동하기가 그리 쉬운 일이라면, 필자가 이토록 애를 써 가며 금연 비법이라는 부제로 글을 쓰겠는가?

만일 본인이 가진 의지만으로 금연이 어려운 경우라면, 보통 나같이 어쩔 수 없이 담배를 끊은 사람과는 달리, 자신만의 의지와 노력으로 금연에 성공한 사람들이 행한 방법들을 자신의 금연 도우미로 삼아도 상관없다.

자, 이제 누구의 의견을 듣든지, 어떤 책을 읽든지, 부디 금연에 성공하고 금연의 길로 하루빨리 들어가서 남은 인생을 즐겁고 건강하게 보내자.

통상 알려진 금연을 위한 처치에는 침술, 약물 요법과 같은 직접적인 치료 방법과 교육, 행동 변화 유도법, 최면술 등의 간접적인 방법들이 있지만, 이러한 여러 방법의 시도에 앞서 금연을 위한 가장 기본적인 사항으로 금연 시도자의 기본적인 **마음 먹기**와 **행동 지침**을 필자는 말하고 싶다. 지금까지의 책 읽기를 통해 나름 금연에 대한 동기부여가 된 사람에게라면, 다음의 행동 지침을 권장한다.

흡연 관련 물품을 지니지 않는다

"Out of sight, out of mind(안 보면 잊힌다)"는 영어 속담처럼, 눈에 띄지 않으면 관심과 욕구가 자연히 줄어든다.

담배는 당연히 중독성이 논란의 대상인 독극물이지만, 중독성에 앞서 흡연자들이 가진 습관성이 더 큰 문제다.

즉, 흡연자들은 어떠한 상황을 맞을 때 자신도 모르게 담배를 꺼내 입에 무는 행동이 반복적인 행동 습관으로 굳어져 버린 경우가 많으며, 이런 습관 행동이 니코틴에 의한 흡연 욕구 외에 추가로 작용하므로 필요 이상의 흡연이 이어진다.

이러한 필요 이상의 흡연을 줄이기 위해서는 당연히 담배를 몸에 지니지 않아야 한다. 몸에 지니지 않으면 당연히 담배를 덜 피우게 된다.

담배를 갖고 다니면서 금연을 하려는 사람은 물통을 지니고 있으면서 물통이 없는 것을 가정하여 물을 마시지 않고 사막을 건너려는 지극히 어리석은 사람과 같다.

갈증으로 물을 마시지 않으면 생명을 잃을 것 같은데, 몸에 지닌 물통에서 물을 마시지 않을 자신이 있겠는가? 흡연자에게 있어서 흡연 욕구는 생명의 물과 같이 느껴질 때가 있을 터, 몸에 담배가 있다면 자신과의 금연 약속을 깨기가 너무 쉬울 테니 말이다.

금연을 하려면 담배는 당연히 가지고 다니지 말아야 하며, 비상시를 대비한 성냥이나 라이터도 당연히 지니지 않아야 한다. 어떤 이는 금연하겠다며 불만을 느끼고 다니는 경우가 많은데, 이런 사람은 금연도 안 하면서 남에게 담배를 얻어 피우는 얌체임이 틀림없다.

어느 날 갑자기 피우지 않는다.

금연 시도에 절대적인 왕도는 없으나, 굳이 왕도를 말하자면 철저한 사전 준비를 한 후 단칼에 끊는 것일 거다.

조금씩 줄여가며 담배를 끊는다는 것은 공염불이나 마찬가지다. 철저한 사전 준비를 한 후 어느 순간 단칼에 끊는 것이 가장 효과적일 것으로 생각한다. 금단 증상의 극복도 어려움 중 하나인데, 통상 금연 후 3일을 넘기기가 가장 힘들다는 이야기가 많다. 이는 금단 증상 때문인데, 이러한 증상은 최초 3일간이 가장 심하고 이후 잦아들며 대개 보름을 전후하여 서서히 사라진다.

한 달 정도면 거의 모든 증상이 사라진다고 해도 과언이 아니다. 물론 이때도 흡연 욕구는 여전히 도사리고 있다. 그러나 금연 기간이 길면 길수록 이런 욕구는 단지 순간에 그친다.

흡연의 해악을 외면하지 않기

2008년 10월, 식품에 첨가된 중국발 멜라민의 공포에 우리나라와 전 세계가 경악했던 적이 있다.

이때 국립암센터의 원장을 지냈던 박재갑 서울대 의대 교수가 **"담배는 사고, 팔면서 멜라민 걱정?"**이라는 한겨레신문 기고를 통해 담배 금지법 제정에 대하여 두 번째 청원을 하였다.

"담배는 팔고 사면서 멜라민이 나쁘다고 하는 것은 코미디 아닌가?"라는 반문을 화두로 2008년 11월 11일 박 교수는 담배 제조와 매매 전면 금지법 제정을 촉구하는 입법 청원서를 제출했는데, 이는 지난 2006년 2월에 이어 두 번째였다.

"어떤 상품에 발암물질이 한 가지만 들어있어도 팔지 못하는 게 상식인데, 15종류의 발암물질이 들어 있는 담배만큼은 버젓이 팔리고 있다"라며 "흡연자는 사회가 만든 희생자로, 정부가 전매 사업으로 돈을 많이 벌었으니 이제 돌려줘야 한다"라고 청원의 취지를 설명했다.

참으로 옳고, 또 들어도 옳고, 백 번을 들어도 옳은 얘기이다.

2015년, 우리나라를 강타한 메르스 공포. 200여 명의 환자가 발병하여 30명이 넘게 사망하였다. 정말 무서운 병으로 인식되어 국내 경제가 침체할 정도였다.

무섭고 공포의 대상으로 일상을 마비시킨 메르스였지만, 메르스보다 수십 배, 수천 배, 수만 배 사람을 해치는 담배는 어떻게 할 것인가?

끊어야 산다.

뚝!!

당신을 위한 금연의 이유

사랑하는 사람이 담배를 끊지 못할 때

1판 1쇄 2025년 2월 20일

저자 나경준
발행인 이경화

발행처 디자인21
주소 04560 서울특별시 중구 퇴계로 293-1 3층
전화 02-2269-6561(대)
팩스 02-2269-6568
e-mail 21publish@naver.com
블로그 https://blog.naver.com/publish21
인스타 https://www.instagram.com/21publish.co.kr
홈페이지 http://21publish.co.kr

등록번호 제1-1128호
등록일자 1991. 2. 12

ISBN 978-89-6131-168-7 03810

정가 18,000원